하나님의 집이 되라

BE THE HOUSE OF GOD

하나님의 집이 되라

무너진 인생의 성벽 재건 프로젝트 | 박호종

규장

우리 인생의 돌파와
재건의 역사를 기대하며

한국 교회는 선교 역사 100년을 훌쩍 넘겼습니다. 짧은 시간 안에 우리는 너무 빠르게 성장했고 또 비대해졌습니다. 급속한 한국 교회의 성장은 한국 경제의 발달과 유사하게 닮아 있습니다. 그러나 오늘 우리는 성장 속도만큼이나 빠르게, 듬성듬성 구멍이 뚫린 채 무너져 내리고 있습니다.

한 사람 한 사람, 성도의 신앙과 삶을 돌아볼 때 열심과 열정과 노력에 비해 그만한 열매가 없습니다. 아니 없다기보다는 갈취당하는 상황에 놓여 있다고 해야 할 것입니다. 개개인의 구체적인 상황은 다를 수 있지만 우리 인생의 무너지고 구멍나고 금이 간 처참한 모습 때문에 우리에게는 깊은 고민과 씨름들이 있습니다. 무엇이 문제일까요? 왜 이런 결과가 주어진 것일까요?

저는 그 답을 느헤미야의 성벽 재건과 성전의 회복, 율법의 회복이라는 과정 속에서 찾을 수 있었습니다. 느헤미야서에는 열매 없는 인생, 갈취당한 인생, 훼파된 삶을 재건하는 영적 원리들이 담겨 있습니다. 예루살렘 성벽 재건의 과정 속에서 벌어지는 수많은 사건과 상황들 속에서 저는 무너져 내린 우리의 영적 삶, 인생의 벌어진 틈과 불타버린 문짝들을 어떻게 재건해야 하는지 그 원리들을 발견하게 되었습니다.

신년에 느헤미야서를 강론하고 함께 부르짖어 기도하면서 삶이 회복되고 보수되는 아름다운 열매들을 보게 되었습니다. 정체성이 견고히 세워지고 낙심이 열정으로 변화된 이야기, 비전이 회복되고 새로운 하나님의 길이 열리게 된 이야기, 가족 간의 뿌리 깊은 원망이 해결되고 화해된 이야기, 끊임없이 공동체와 갈등을 빚어오다가 권위와의 틈을 발견하고 새로운 축복의 관계를 회복한 이야기였습니다.

오늘날 한계에 부딪쳐 씨름하며 새로운 돌파를 위해 기도하는 많은 성도들과 한국 교회에 느헤미야서에 녹아 있는 놀라운 원리들을 나누고 싶습니다. 부족함이 많은 자이지만, 주께서 이루신 회복의 역사를 함께 나누고자 이 메시지를 책으로 정리하게 되었습니다. 이 책이 우리 인생을 향한 하나님의 재건의 역사의 통로가 되기를 소원합니다.

박호종

프롤로그

PART 1

위대한 부르심의 시작 – 비전의 사람

01 · 위대한 기도는 위대한 인생을 만든다   11

02 · 비전을 성취하는 사람의 특징   46

03 · 위대한 역사를 이루는 조건   60

PART 2

전방위 영적 전쟁 – 나의 투쟁

04 · 어둠의 영적 실체를 인정하라   77

05 · 내 안에도 적이 있다   104

06 · 권위의 문제를 통과하라   137

07 · 목적 있는 삶을 살라   168

CONTENTS

PART 3 내면의 지성소 – 전심의 예배자

08 · 여호와를 기뻐하라 187

09 · 여호와의 열심만이 소망이다 205

10 · 여호와의 전을 지키겠나이다 216

PART 4 지성소의 영광 – 성전이 되다

11 · 성전의 기능을 회복하라 231

12 · 예배와 기도로 하늘 문을 열라 246

13 · 주여, 나를 기억하소서! 268

PART 1

위대한
부르심의
시작
—

비전의 사람

Be the house of God

위대한 기도는
위대한 인생을 만든다

느헤미야서 1:1-11

위대한 기도는 위대한 인생을 만든다

인생의 크기는 기도의 크기에 달려 있다. 기도의 사람들은 자신이 가진 것이 아닌 위대한 하나님을 바라보기 때문이다. 바라보는 것은 믿음이 되고, 믿음은 곧 한 번뿐인 우리 삶의 결과가 된다. 이 결과는 한 사람에게만 국한되지 않는다. 하나님의 손에 붙들린 인생은 어느 누구도 구하지 않던 비전을 품고, 바랄 수 없는 중에 그의 온 가문과 이웃과 민족을 일으킨다. 따라서 우리는 반복적인 실패와 좌절, 그로 인한 낙심과 체념을 뒤로하고 부르심의 소망을 회복해야 한다. 모든 것이 진동하며 빠르게 변해가는 이때, 이 세대와 나라와 열방은 위대한 부르심을 받은 기도의 사람들이 일어나기를 요청하고 있다.

느헤미야서는 포로 귀환기에 바사(페르시아)의 아닥사스다 왕을 섬기던 느헤미야가 무너진 예루살렘 성벽을 재건하고 스룹바벨 성전과 율법을 회복하는 여정을 그리고 있다. 바사의 수산궁에서 지내던 느헤미야는 예루살렘 성벽이 허물어지고 성문이 불탔다는 소식을 듣고 탄식하며 회개와 거룩한 소원의 기도를 드리기 시작한다. 그는 이스라엘의 회복을 약속하신 주님의 말씀을 붙잡고 금식하며 기도했고, 마침내 아닥사스다 왕으로부터 예루살렘 성벽 중건을 위한 여행을 허락받게 된다.

많은 수가 귀환하였지만 이방 땅에는 아직까지 유대인들이 남아 있었고, 목숨을 부지해가는 인생들 중에 느헤미야는 하나님께서 꿈꾸게 하신 소원을 열매 맺는 삶을 살아냈다. 느헤미야서는 위대한 기도로 높은 부르심을 이루어가며 세상에서 승리하는 성도의 삶을 도전한다. 1장은 그 위대한 여정의 시작이다.

느헤미야의 삶이 새로운 전환점을 맞이하게 된 것은 위대한 소원에서 비롯된 위대한 기도 때문이었다. 예루살렘의 참혹한 상황을 전해 들은 느헤미야는 빼앗긴 하나님의 영광을 다시 보기 원하는 위대한 소원을 품게 되는데, 그것은 이스라엘에게 약속하신 하나님의 말씀이 이루어지기를 바라는 거룩한 열망이었다. 성전의 회복이라는 대장정 속에서 원수들은 끊임없이 이 위대한 비전이 수포로 돌아가도록 방해하고 공격했다.

그러나 느헤미야는 멈추지 않고 그의 길을 걸었다. 위대한 기도가 그의 삶을 끌어갔다. 사람을 바라보면 길을 잃기 마련이다. 그러나 하나님을 바라보고 기도로 씨름하는 자는 역사의 주관자와 동행하며 전진한다. 느헤미야의 기도는 그를 둘러싼 음모와 음해, 모든 고초 속에서도 무너졌던 예루살렘 성벽이 재건되도록 하였고, 마침내 이전보다 더 큰 영광이 약속된 성전을 정비하고 회복하였다.

하나님의 나라를 구하는 기도

기도는 위대한 비밀이다. 예수님은 기도로 공생애를 시작하고 기도로 십자가를 감당하셨다. 주께서 약속하셨던 보혜사 성령은 제자들이 마음을 모아 오로지 기도하던 날에 임하였다. 바울은 교회들을 향해 모든 기도와 간구를 하되 항상 성령 안에서 기도하라고 했다.

그런데 문제는 우리가 기도를 안 하는 것이 아니라 못한다는 것이다. 시간이 없어서 기도하지 못한다고 말하는 사람이 있을지도 모르겠다. 혹은 딱히 기도할 이유를 찾지 못했다고 할 수도 있다. 그러나 실제로는 많은 이들이 불가능한 상황이나 환경적 요인이 아닌 다른 이유로 기도하지 못한다.

우리가 기도하지 않을 때 이를 반가워할 존재는 마귀이다. 마귀는 성도의 기도 자체를 싫어할뿐더러, 특별히 우리가 본질적인 기도로 주님 앞에 머무르는 것을 어떻게든 막으려고 한다. 마귀는 먹는 것과 입는 것, 영원과 연결되지 않는 단순한 문제들, 이 땅에서의 생존에 관한 일들로 우리의 기도가 채워지게 한다. 우리의 기도가 땅의 차원을 구하고 응답받는 수준에서 멈추게 하려는 것이다.

그런데 이것은 광야의 기적을 간증하다가 인생을 마치는 저주일지 모른다. 하나님은 '가나안'이라는 부르심의 자리로 이스라엘을 인도하실 때, 광야에서 그들을 먹이고 입히시며 하늘의 기적들을 경험하게 하셨다. 이처럼 '광야의 기적'은 부르심을 이루어가도록 훈련받으며 주님을 알아가고 성화(聖化)되는 과정에서 만나는 기적들이다. 그러나 진짜 기적은 가나안에서 경험하게 된다. 기도의 근본적인 부르심은 광야에서 받는 응답에 있지 않다. 우리의 기도는 하나님의 나라를 위한 것이다.

그러므로 염려하여 이르기를 무엇을 먹을까 무엇을 마실까 무엇을 입을까 하지 말라 이는 다 이방인들이 구하는 것이라 너희 하늘 아버지께서 이 모든 것이 너희에게 있어야 할 줄을 아시느니라 그런즉 너희는 먼저 그의 나라와 그의 의를 구하라 그리하면 이 모든 것을 너희에게 더하시리라 마 6:31-33

예수님은 먹을 것, 마실 것, 입을 것을 구하는 기도가 이방인의 기도와 같다고 말씀하셨다. 이스라엘 백성에게 이것은 선민(選民)으로서의 자긍심을 해치는 모욕적인 표현이다. 그만큼 예수님은 하나님의 백성이 무엇을 기도해야 하는지를 중요하게 여기셨다. 바로 생존이 아닌 하나님의 나라를 구하는 기도이다. 우리 삶이 생존의 문제에 좌지우지된다면, 우리는 결국 그 문제들조차 해결하지 못하면서 이리저리 끌려다니다가 끝나는 인생이 될 수 있다.

기도의 차원이 바뀌어야 한다. 우리의 기도가 생존의 문제에 매여 있지 않게 하라. 물론 이런 기도가 죄는 아니다. 그러나 기도의 더 깊은 단계를 경험하려고 하지 않는다면, 제아무리 성도의 기도라고 해도 그것은 우상 앞에 드려지는 기도와 별반 다를 바 없을 것이다. 우리의 기도가 칠성당이나 무당들에게 비는 것과 같아서는 안 된다.

하나님의 나라를 바라보며 그의 나라 차원으로 살아가자. 그러면 이 땅에 속한 고민과 생존을 넘어 위대한 하나님의 역사가 일어나게 된다. 문제 해결을 응답받는 광야의 기적을 통과하여 하나님의 경영과 역사에 동참하는 가나안 정복 차원의 기도로 나아가기를 축복한다.

위대한 기도의 세 가지 원칙

1. 위대한 동기

2007년, 주님은 내게 이렇게 말씀하셨다.

"나는 사람을 찾는다. 나 여호와는 죽이기도 하고 살리기도 하며, 가난하게도 하고 부하게도 하며, 낮추기도 하고 높이기도 하며, 한순간에 무너뜨리기도 하고 한순간에 일으키기도 한다. 내가 모든 것을 가졌다. 그러나 나의 권세와 능력으로 나의 일을 행하도록 맡길 사람이 없다."

낮은 자리에 있을 때는 열심히 신앙생활 하는 듯하지만, 높은 위치로 갈수록 중심을 잃어버리는 사람들이 너무 많다. 그들은 상황이 어려워지거나 갈등이 생기면 주님께 드렸던 기도와 사뭇 다른 말들을 한다. 사람들이 부러워하는 성공의 자리를 포기할 수 없는 것이다. 그러나 하나님의 뜻이라면 주께서 올려주신 자리일지라도 모든 것을 뒤로하고 다시 내려올 수 있는 위대함이 있기 바란다. 지금까지 쌓아온 모든 노력과 희생이 한순간에 날아가는 듯해도 기꺼이 주님의 편에 서는 거룩한 열정이 부어지기를 축복한다.

거룩한 동기로 하나님의 일을 시작했다면, 그는 언제든지 주의 나라와 의를 구할 수 있다. 느헤미야의 위대한 기도는 위대한 동기에서 시작되었다. 그는 유대인이면서도 왕궁의 술 맡은 관원이었다. 이쯤 되면 성공했다고 할 수 있다. 남은 생을 궁에서 보내며 주어진 일들을 적당히 처리해도 된다. 그러나 느헤미야는 위험한 도전을 시작했다. 2-5절에 하나님의 언약 백성들이 큰 환난을 당하고 능욕을 받으며 예루살렘 성은 허물어지고 성문들이 불탔다는 소식 때문이었다.

그는 여호와의 이름이 땅에 밟힌 것에 거룩한 의분(義憤)을 느꼈다. 어쩌면 느헤미야도 이전까지는 특별한 비전 없이, 신실하지만 평범한 하나님의 사람으로 살았을지 모른다. 그런 그에게 하나님의 위대한 비전을 받는 상황이 한순간에 열렸다. 하나님께서 우리를 부르시고 마음속에 위대한 기도를 품게 하실 때가 있다. 그 기도의 뿌리는 주의 나라와 의를 구하는 데 있다.

2. 아버지께 돌아오는 회개

1장 6-9절은 회개의 기도이다. 위대한 기도의 핵심에는 회개가 있다. 느헤미야는 개인적 차원의 회개뿐 아니라 자기 조상과 민족과 국가의 범죄까지 구체적으로 하나님 앞에 회개한다. 물론 원죄의 문제는 예수 그리스도와 십자가로 해결된다. 이때 그는 자범죄(스스로 짓는 죄)와 연대죄(내가 속한 가정과 가문이 지은 죄, 혹은 내가 일원이 된 민족의 죄)의 일부를 고백한 것이다.

회개가 시작되어야 하나님의 위대함이 올 수 있다. 그렇다면 무엇이 회개인가? 회개는 신세를 한탄하며 눈물을 흘리거나 부르짖는 행위가 아니다. 땅을 치고 후회하면서도 여전히 그 자리에 머물러 있다면 회개한 것이 아니다. 회개란 진리로 돌이키는 것이다. 기준을 찾는 것이다. 회개는 본질을 회복하는 것이다.

누가복음 15장의 탕자를 보라. 아버지를 떠났던 아들이 돌이킬 용기를 낸다. "내가 나의 원점으로 돌아가리라. 다시 나의 자리로 가리라. 아버지가 나를 박대하고 종의 하나로 여길지라도 아버지의 집으로 가리라." 이처럼 돌이킬 때 우리는 회개의 보상을 얻게 된다. 아버지는 돌아온 아들에게 회초리를 들지 않고, 잃어버렸던 신분과 권위와 권세들을 회복시켜주신다. 하나님께 돌이키자. 개인과 가문의 차원에서뿐 아니라 이 민족과 나라의 죄까지 주님 앞에서 절절히 회개하자.

3. 구체적인 서원의 기도

선명하고 분명한 기도를 드려라. 동기가 분명한 기도는 내용도 명확하다. 육신의 정욕과 안목의 정욕과 이생의 자랑이 교묘히 우리를 유혹할 때도 주님께 드린 언약의 기도가 우리를 돌아서지 않도록 붙들어준다.

이들은 주께서 일찍이 큰 권능과 강한 손으로 구속하신 주의 종들이

요 주의 백성이니이다 주여 구하오니 귀를 기울이사 종의 기도와 주의 이름을 경외하기를 기뻐하는 종들의 기도를 들으시고 오늘 종이 형통하여 이 사람 앞에서 은혜를 입게 하옵소서 하였나니 그 때에 내가 왕의 술 관원이 되었느니라 느 1:10,11

서원기도에 대해 오해하지 않기 바란다. 서원기도를 함부로, 또 성경적 관점에서 벗어나서 하는 경우도 있다. 그러나 구체적인 서원의 기도는 우리의 순종과 결단을 보호한다. 그래서 때로 하나님은 하나님의 사람들이 서원의 기도를 드리도록 몰아가신다. 어떤 상황이 오더라도 흔들리지 않으며 주께서 주신 비전과 부르심의 길을 걸어가도록 스스로 언약의 서원을 하도록 하시는 것이다.

하나님은 창세기 12장에서 아브라함을 불러내어 새로운 비전과 약속의 말씀을 선포하셨다. 그런데 이 약속의 말씀에 도장이 찍힌 것은 창세기 15장에서다. 하나님은 아브람의 믿음을 의(義)로 여기셨다. 그리고 그에게 짐승들을 잡으라고 하시고 언약의 말씀을 주셨다. 해가 지자 쪼갠 고기 사이로 여호와의 불이 내려와 지나갔다. 이는 "너는 나와 언약하자. 나 여호와가 이 언약을 지키지 않는다면 이렇게 찢긴 사체처럼 될 것이다"라는 뜻이다. 하나님은 죽음도 끊을 수 없는 언약을 우리와 맺으신다. 하나님께서 하나님 자신이 하신 언약을 잊지 않으시는 것처럼 우리도 주님과 언약하는 순간을 쉽게 잊지 못한다.

위대한 기도는 피조물인 인간의 이성으로 정리된 각종 사상이나 철학적 관념처럼 모호하지 않고 분명하다. 주님이 주신 소원들을 구체적으로 기도하기 바란다. 주님으로 말미암은 서원의 기도는 분명한 목표와 목적 위에 비전이 이루어지게 한다. 서원함으로 주의 뜻에 순종하라. 그러면 이 말씀이 성취될 것이다.

너희 안에서 행하시는 이는 하나님이시니 자기의 기쁘신 뜻을 위하여 너희에게 소원을 두고 행하게 하시나니 빌 2:13

회개가 기도의 시작점이다

느헤미야는 훼파된 성전, 무너진 성벽, 하나님의 백성들이 당하는 능욕의 소식을 듣고 거룩한 소원과 동기를 품게 된다. 이후 그가 행한 일은 통렬한 회개이다. 이어지는 느헤미야서 곳곳에 회개의 장면이 등장한다. 이스라엘 백성들은 율법을 읽으며 구체적으로 죄를 자복하고 통회할 뿐 아니라, 죄의 문제와 그 열매들을 끊어내는 작업을 한다. 율법 앞에서 본질로 돌아가기 시작한 것이다.

위대한 소원을 이루어내며 하나님의 역사에 동참하기 위해서 회개가 중요하다. 성막을 생각해보자. 성막은 인간이 하나님께 가까이 가는 방법을 보여주는 모형이다. 하나님이 계시는 지성소까지

가려면 먼저 마당에서 번제를 드리고 물두멍에서 손발을 씻은 후 성소를 지나는 순서를 거쳐야 한다. 그 시작점인 마당과 물두멍의 과정이 죄의 더러움을 씻고 청산함, 즉 회개와 자복을 의미한다. 그래서 성령께서 이끄시는 건강한 기도는 항상 회개로 시작된다.

회개의 영, 회개의 은혜는 매 순간 죄에 민감함을 의미한다. 회개의 영이 있는 사람은 옷에 얼룩이 묻을 때마다 즉시 씻어낸다. 우리가 입은 옷에 가끔 오염물이 튄 것을 씻어내는 정도를 말한다. 하지만 얼룩이 묻었는데 안 지우고 있다가는 원래 흰옷이었는지 시커먼 옷이었는지 모르게 된다. 회개의 영, 자백의 영이 있기를 바란다.

팔복과 회개

산상수훈의 팔복은 성도의 점진적 성장과 연관이 있다. 첫 번째부터 세 번째까지의 복이 구원의 과정, 네 번째부터 여섯 번째까지의 복은 제자의 과정, 그리고 여섯 번째 복을 교집합으로 마지막 여덟 번째 복까지가 사도적 제자(사도행전 이후 성령으로 보내심을 받은 제자)의 과정이라 할 수 있다.

여기서 한 가지 주목할 점이 있다. 팔복의 나열이 키아즘(chiasm) 구조(대칭되는 짝을 교차 배열하는 문학 구조)로 기술되어 있다는 점이다. 팔복을 크게 두 그룹으로 나누어보면 1-4단계의 복과 나머지

5-8단계의 복이 서로 대칭을 이룬다. 그 안에서 1복과 5복, 2복과 6복, 3복과 7복, 4복과 8복이 서로 짝을 이룬다.

예를 들어보자. 첫 번째 복은 마음이 가난한 자에 대한 선포이다. 이 말씀을 헬라어 어순으로 보면 "복이 있다, 마음이 가난한 자야! 이 복의 결과로 천국이 너희 것이 될 것이다" 이런 식이다. 이와 짝을 이루는 다섯 번째 복을 보자. "복이 있다, 긍휼히 여기는 자야! 너희도 긍휼히 여김을 받을 것이다." 첫 번째 복을 받아 심령이 파탄이 나고 마음이 가난해진 때를 겪어본 사람은 긍휼히 여길 줄 알게 된다. 창조자 앞에서 자신의 모든 것을 내려놓게 되고 자기가 어떤 죄인인지 처절히 발견한 자라야 나와 같은 사람들을 함부로 정죄하지 않고 긍휼히 여길 수 있다.

첫 번째 복을 받은 자들이 두 번째 복의 자리로 올라간다. 회개와 관련된 두 번째 복과 여섯 번째 복을 살펴보자. "복이 있다, 애통하는 자야! 너희가 위로를 받을 것이다." 심령의 가난함 속에서 하나님을 대면한 후 자연스럽게 이어지는 두 번째 태도에 애통함이 있다. 하나님의 빛 앞에 서면 그 빛은 우리의 숨겨진 죄들을 드러낸다. 우리는 그로 인해 애통하기 시작한다. 두 번째 복의 결과인 '위로'에 해당하는 헬라어는 "도우시는 성령님"을 의미하는 보혜사(保惠師)와 같은 단어이다. 회개할 때 성령이 부어지는 것이다.

그렇다면 두 번째 복의 짝, 여섯 번째 복은 무엇을 말하는가? "복이 있다, 마음이 청결한 자야! 너희가 하나님을 볼 것이다." 이 말씀은 깊은 차원의 회개를 의미한다. 두 번째 복은 하나님의 빛 앞에서 숨길 수 없는 나의 죄성을 발견하고 그것을 토설하는 윤리 도덕적 차원의 애통함이다. 그런데 여섯 번째 복인 '마음의 깨끗함'은 우리 내면에 자리잡은, 더 깊은 동기의 점검이다. 미처 깨닫지 못할 만큼 나와 일체화되어 있던 사고방식과 감정적 기준들 속에서 죄의 요소들이 발견되고 씻기기 시작하는 것이다.

그렇다면 이 복의 결과는 어떠한가? 깊은 차원의 회개가 이루어질 때 하나님의 신령한 세계가 열리게 된다. 여섯 번째 복의 열매인 하나님을 본다는 것은 육의 눈으로 하나님을 볼 수 있다는 뜻이 아니다. 은사를 사용하는 차원으로 성령님을 알던 수준에서, 땅과 하늘을 움직이시는 더 깊은 세계의 하나님과 그의 역사를 보게 된다는 것이다. 하나님의 지혜와 계시가 임하는 일을 말한다.

> 우리 주 예수 그리스도의 하나님, 영광의 아버지께서 지혜와 계시의 영을 너희에게 주사 하나님을 알게 하시고 엡 1:17

느헤미야의 위대한 소원과 위대한 기도는 하나님을 볼 수 있었기 때문에 시작되었다. 그는 단순히 사람들로부터 인정받는 차원의 성공이 아니라 한 시대를 넘어 영원히 기억될 성공을 이루었다.

회개의 은혜와 회개의 계시

가끔 회개를 부담스러운 주제로 생각하는 분들을 만난다. 이는 주님과 주님의 나라에 대한 큰 오해이다. 하나님의 위대한 비전을 받고 그를 성취하는 삶의 근본적 요소에는 성결함, 곧 회개가 있다. 하나님께서 우리에게 회개할 일들을 깨닫게 하시고 기억나게 하시는 것은 슬퍼하거나 두려워할 일이 아니다. 회개는 우리를 살리는 길이다. 늦은 것 같아 보여도 거기서부터 회복이 시작된다.

누가복음 15장의 탕자의 비유는 회개의 가장 입체적인 모델이다. 아버지와 함께하는 자리를 떠난 아들은 자신의 뜻대로 살다가 예상치 못한 흉년의 때, 인생의 악한 날을 맞이한다. 그러나 재산을 모두 잃고 결국에는 돼지우리 속을 헤매게 된 그의 탄식과 후회가 회개는 아니다. 실패와 전락의 자리에서 일어나 아버지의 집으로 걸어왔을 때, 그리하여 마침내 아버지의 품에 다시 안겼을 때 비로소 회개가 이루어진다. 하나님은 우리를 야단치기 위해 회개를 말씀하지 않으신다. 회개에는 약속이 있다.

만일 내게로 돌아와 내 계명을 지켜 행하면 너희 쫓긴 자가 하늘 끝에 있을지라도 내가 거기서부터 그들을 모아 내 이름을 두려고 택한 곳에 돌아오게 하리라 하신 말씀을 이제 청하건대 기억하옵소서

느 1:9

회개할 때 쫓기는 삶, 매인 삶, 의미 없고 허무한 삶의 결박이 끊어지고 약속의 자리에서 하나님의 계획을 성취하기 시작한다. 회개하라는 말은 부담스러운 말, 불편한 말이 아니다. 아버지의 품, 아버지의 원래 계획으로 돌아오라는 것이다. 그렇기 때문에 회개할 수 없는 사람은 불행하다.

종종 이렇게 묻는 사람들이 있다.

"언제까지 회개해야 합니까?"

회개는 자유로워질 때까지 하는 것이다. 주님은 우리가 회개한 것들을 가져가셔서 우리 마음의 짓눌림을 제하신다. 하나님께서 회개하도록 떠올리신 일과 마귀의 정죄를 분별하라. 정죄는 하나님으로부터 오는 것이 아니며 하나님의 방법도 아니다. 쐐기처럼 정죄감이 박혀서 계속 생각난다면 그것을 끊어버려라. 하지만 정죄가 아니라 하나님께서 생각나게 하시는 일들은 주(主) 앞에 고백해야 한다.

여호와께서 말씀하시되 오라 우리가 서로 변론하자 너희의 죄가 주홍 같을지라도 눈과 같이 희어질 것이요 진홍같이 붉을지라도 양털 같이 희게 되리라 사 1:18

위대한 비전의 성취는 하나님을 아는 깊이와 회개의 깊이에 달려 있다. 더 깊고 세밀한 것까지 회개할 수 있기를 바란다. 회개의 계시와 회개의 은혜가 임하기를 구하자. 하나님이 우리를 깨끗게 하셔서 분명한 서원의 기도가 드려지고 하나님의 위대한 비전이 심겨지기를 축복한다. 위대한 기도가 시작될 때 기도의 기준과 가치가 달라진다.

회개의 기준과 원칙

본문 5절과 7절에는 회개의 중요한 원리와 원칙이 나온다.

이르되 하늘의 하나님 여호와 크고 두려우신 하나님이여 주를 사랑하고 주의 계명을 지키는 자에게 언약을 지키시며 긍휼을 베푸시는 주여 간구하나이다… 주를 향하여 크게 악을 행하여 주께서 주의 종 모세에게 명령하신 계명과 율례와 규례를 지키지 아니하였나이다
느 1:5,7

회개는 단순한 감정의 동요나 후회가 아니다. 막연한 정죄감, 두려움, 저주를 끊기 위해서, 또는 복을 받기 위한 기복적인 간구도 아니다. 7절에서 느헤미야는 회개의 기준점, 회개의 목적지가 계명과 율례와 규례라고 말한다. 말씀의 기준과 원칙이 우리의 삶에서 회복되는 것이 회개이다.

따라서 회개에는 '계시'가 필요하다. 내가 세운 기준이나 바벨론의 가치관에서 비롯된 회개가 아니라 진리의 빛으로부터 비춰지는 회개가 이루어지기를 기도해야 한다. 이스라엘 백성이 바알과 아스다롯을 하나님으로 알고 우상들에게 절했던 죄에서 돌이켰듯이, 우리 속에 하나님과 말씀을 알지 못하여 범죄한 일들이 세세하게 분리되기를 축복한다. 이것이 우리가 추구해야 할 '하나님을 아는 깊이'이다.

계명과 율례와 규례의 히브리어는 사실 비슷한 의미로 혼용되는 단어들이다. 그러나 느헤미야는 의도적으로 이 세 단어를 구분하여 구체적인 회개의 기준들을 선포한다. 5절의 '계명'이란 십계명과 신명기 말씀과 같은 근본적인 기준으로, 변할 수 없고 타협할 수도 없는 말씀을 뜻한다. 이는 순응과 불응 여부를 고민하거나 조정할 대상이 아니다. 하나님께서 명령하신 대로 순종하며 따를 기준이다. '율례'는 레위기의 제사법과 같이 우리가 어떻게 영적인 삶을 살고 하나님께 나아가야 하는지 성문화한 종교법이다. 이것은 하나님과 우리가 관계를 쌓고 소통하기 위한 법도이다. '규례'는 정의와 공의에 관하여 대인관계와 사회관계에서 적용되는 말씀이다. 우리는 하늘에 속한 성도이자 사회의 일원으로 이 세상을 살아가고 있다. 이 양분적 관계 안에서 지켜야 할 것과 금할 것, 회복해야 될 것들을 규례에서 발견할 수 있다.

우리는 계명을 따라 말씀에 어긋난 근본적인 범죄들을 회개할 수 있다. 그리고 율례를 따라 하나님과 우리의 관계 속에서 경외함 없이 행했던 일들, 나의 사고체계나 기질 때문에 하나님 앞에 온전히 서지 못했던 일들을 회개할 수 있다. 그리고 규례를 따라 교통법규 등을 어긴 것이나 대인관계 안에서 지체들의 마음을 불편하게 만든 일 등 사회적으로 지은 죄를 회개한다.

느헤미야는 이처럼 의도적으로 세 가지를 구별하여 하나님의 말씀에 구체적으로 반응하도록 했다. 회개는 하나님께서 주신 '성벽 재건'이라는 비전을 성취하는 첫 시작이다. 회개의 영이 부어질 뿐 아니라 회개의 계시가 임하여, 내가 아는 것과 모르는 것까지 모두 회개할 수 있기를 축복한다. 이렇게 기도하라.

"하나님, 말씀해주십시오. 무엇이 어그러졌는지 가르쳐주십시오."

회개의 두 가지 측면

회개에는 크게 두 가지 측면이 있다.

1. 일생일대의 회개

그는 허물과 죄로 죽었던 너희를 살리셨도다 그 때에 너희는 그 가운데서 행하여 이 세상 풍조를 따르고 공중의 권세 잡은 자를 따랐으니 곧 지금 불순종의 아들들 가운데서 역사하는 영이라 전에는 우리도 다 그 가운데서 우리 육체의 욕심을 따라 지내며 육체와 마음의 원하는 것을 하여 다른 이들과 같이 본질상 진노의 자녀이었더니 궁휼이 풍성하신 하나님이 우리를 사랑하신 그 큰 사랑을 인하여 허물로 죽은 우리를 그리스도와 함께 살리셨고 (너희는 은혜로 구원을 받은 것이라) 또 함께 일으키사 그리스도 예수 안에서 함께 하늘에 앉히시니 엡 2:1-6

일생일대의 회개는 히브리어 '슈바', 헬라어 '메타노', '메타노이아'로 표현된다. 이는 내 마음대로 살아가던 삶, 실상 마귀에 끌려다니던 삶에서 예수 그리스도를 만남으로 주님께로 돌이키는 사건이다. 즉, 하나님께서 주권적으로 주시는 일생일대의 회개를 뜻한다. 하나님 앞에 엎드러져 '나는 죄인 중의 죄인일 수밖에 없구나' 하고 탄식하는 팔복의 첫 번째 복, 심령이 가난한 복에 들어가는 것이다.

2. 자복함의 회개

만일 우리가 우리 죄를 자백하면 그는 미쁘시고 의로우사 우리 죄를 사하시며 우리를 모든 불의에서 깨끗하게 하실 것이요 요일 1:9

자백의 회개를 의미하는 히브리어 '나캄'은 "슬퍼하다", "애통하다", "마음을 바꾸다"라는 의미이다. 그리고 헬라어 '메타'라는 전치사는 "-과 -의 사이에", "-과 -의 가운데"라는 뜻이다. 즉, 자백은 우리가 빛과 어둠 사이를 왔다갔다하며 계속해서 돌이켜야 함을 의미한다.

요한복음 13장 8,9절에서 베드로는 제자들의 발을 씻기시려는 예수님께 자신의 발은 절대로 씻기지 못하신다고 만류했다. 그런데 예수님께서 그에게 "그러면 너는 나와 상관이 없다"라고 말씀하시자 발뿐 아니라 손과 머리도 씻겨달라고 한다. 이때 주님은 "이미 목욕한 사람은 온 몸이 깨끗하니 발만 씻으면 된다"고 말씀하신다. 많은 신학자들이 이 본문을 가리켜 자백의 삶, 회개의 삶을 나타낸다고 한다.

우리는 일생일대에 한 번 돌이키는 회개를 통하여 일차적으로 씻겨진 사람들이다. 십자가로 돌이켜 십자가 안에 거하는 자들이다. 이제 이 땅을 밟으며 살아가느라 발에 묻는 먼지를 매일 씻어내면 된다. 이것이 곧 자백이다. 날마다 먼지를 털어내고 깨끗케 하는 자백의 삶을 살기 바란다.

일생일대의 회개의 세 가지 중점

1. 주권 : 예수께로 분명하게 돌아옴

예수께로 돌아왔다는 것은 이제 예수 그리스도께서 우리의 주인이 되셨음을 뜻한다. 예수께서 못 박히신 그 십자가에 이전의 나도 못 박혀야 한다. 이제 '나'는 죽고 '주님의 부활'이 내 생명이 된 것이다. 오늘 우리의 삶이 주님과 이 관계 안에 놓여 있는지 생각해보자. 혹 "이러이러한 문제를 해결해주세요", "이러이러한 일을 이루어주세요" 하고 복을 비는 기도로만 주님과 관계를 맺고 있지는 않은가? "예수께서 진짜 나의 주(主), 나의 왕(王)이신가?" 이 질문에 대답할 수 없다면 회개한 것이 아니다.

빌립보서 2장에는 하늘에 있는 자들(영계), 땅에 있는 자들(자연계), 그리고 땅 아래 있는 자들(지옥과 무저갱), 이 모든 자들로 예수의 이름 앞에 무릎 꿇게 하시고 예수를 주라 시인하게 하셨다고 했다. 회개는 예수 그리스도께 굴복하는 것이다.

나의 비전, 나의 지위, 내가 드리는 헌금과 헌신이 정말 주님의 음성대로인가? 정말 예수님이 내 삶의 주인이신가? 취미와 같은 작은 부분부터 재정, 결혼, 사람들과의 관계, 이 모든 문제 속에 주님을 왕으로 모시지 않은 부분들이 있다면 회개하기 바란다. 주님은 모든 것을 소유하신 만왕의 왕이심에도 우리를 인내하고 기다리신다.

그 사랑과 자비를 남용하여 내 뜻대로 삶을 끌어가서는 안 된다. 예수님을 왕이라 고백하면서도 여전히 내가 왕의 자리에서 내려오지 않는다면 가장 큰 죄 중에 있는 것이다. 루시퍼의 타락과 아담의 범죄는 그 뿌리에 하나님이 아닌 내가 스스로 주인이 되리라는 마음이 있었다. 예수가 왕 되시지 않는 그 상황이 죄임을 기억하라.

2. 십자가 : 회개의 기준

느헤미야는 "나와 내 아버지의 집이 범죄한 악"이 "주의 종 모세에게 명령하신 계명과 율례와 규례를 지키지 아니한 것"이라고 기도했다. 회개는 그리스도 예수의 주권을 인정하며, 그렇기 때문에 말씀의 기준으로 돌아오는 것이다. 진리에서 멀어진 길에서 돌이켜 '십자가'의 자리로 와야 한다. 우리가 지킬 계명과 율례와 규례는 십자가를 아는 것을 뜻한다.

십자가 없는 회개, 십자가 없는 믿음, 십자가 없는 영적 전쟁은 다 미신이다. 율법사 중의 율법사이면서 삼층천(三層天)을 경험한 사도 바울은 갈라디아서 6장 14절에서 예수 그리스도의 십자가 외에 아무것도 자랑할 것이 없다고 했다.

또 그 안에서 너희가 손으로 하지 아니한 할례를 받았으니 곧 육의 몸을 벗는 것이요 그리스도의 할례니라 너희가 세례로 그리스도와 함께 장사되고 또 죽은 자들 가운데서 그를 일으키신 하나님의 역사를 믿음으로 말미암아 그 안에서 함께 일으키심을 받았느니라 또 범죄와 육체의 무할례로 죽었던 너희를 하나님이 그와 함께 살리시고 우리의 모든 죄를 사하시고 우리를 거스르고 불리하게 하는 법조문으로 쓴 증서를 지우시고 제하여 버리사 십자가에 못 박으시고 통치자들과 권세들을 무력화하여 드러내어 구경거리로 삼으시고 십자가로 그들을 이기셨느니라 골 2:11-15

"십자가로 이기셨느니라!" 십자가가 '의문의 법조문', 즉 우리를 정죄하는 증서를 지우고 제하였다. 하박국서 1장 13절에 눈이 정결하여 차마 죄를 보는 것조차 괴로운 그분께서 우리의 죄를 모두 뒤집어쓰시고 우리와 같은 육신의 고통을 느끼며 그 길을 가주신 것이다. 십자가가 모든 원수를 이겼다.

예수께서 무리를 보시고 산에 올라가 앉으시니 제자들이 나아온지라 입을 열어 가르쳐 이르시되 마 5:1,2

마태복음 5장부터 시작되는 산상수훈은 십자가와 성령을 글로 풀어놓은 말씀이다. 마치 하나님께서 시내산으로 모세를 불러 언약의 말씀을 주셨듯이, 육신을 입고 오신 창조주 예수 그리스도께서 새 언약 공동체에게 입을 열어 하나님의 말씀을 선포하셨다. 산상수훈은 십자가와 성령의 능력으로 살아가는 삶의 위대함을 말한다. 산상수훈을 통해 발견하는 하나님나라의 문화와 가치는 우리가 이 세상에서 승리하는 비밀을 깨닫게 한다.

진리를 알지니 진리가 너희를 자유롭게 하리라 요 8:32

회개를 두려워하지 않기 바란다. 십자가와 진리 안에 자유하라.

3. 그리스도로 재건축됨

끝으로 회개란, 그리스도로 재건축되는 것이다. 사도행전 26장에서 바울은 그가 회개한 과정을 입체적으로 표현하고 있다. 나는 이 본문에서 세 가지를 주목해보려고 한다.

그 눈을 뜨게 하여 어둠에서 빛으로, 사탄의 권세에서 하나님께로 돌아오게 하고 죄 사함과 나를 믿어 거룩하게 된 무리 가운데서 기업을 얻게 하리라 하더이다 행 26:18

첫째, "어둠에서 빛으로"의 의미를 보자. 회개는 어둠에서 빛으로 옮겨지는 것이다. 우리는 거짓에서, 우상에서, 무너질 헛된 꿈속에서 살다가 빛에 이끌리어 진리 되신 예수 그리스도를 알게 되었다.

어둠 속에서 우리를 묶고 있던 결박들이 끊어지고 창조의 비밀을 알게 되는 '계시'가 임했고, 진리에 속한 곳으로 '돌이켜진' 것이다.

둘째, "사탄의 권세에서 하나님께로"이다. 이는 영적 전쟁을 의미한다. 우리는 허물과 죄로 죽었던 자, 본질상 진노의 자식이었다. 불순종의 아들들 속에서 실제로 움직이고 있는 영적 존재, 마귀의 권세 아래 매여 살았던 것이다. 세상 임금인 마귀가 죄로 우리를 지배했었다(엡 2:1-3).

그러나 어느 날, 하나님께서 주권적으로 진리의 빛을 비추시고 예수의 십자가를 통해 우리를 그의 나라로 옮기셨다. 그때부터 우리에게 어둠의 영들이 불법의 영이 된 것이다. 십자가 밖에 있을 때는 마귀의 일들이 불법이 아니다. 그러나 이제 우리가 그리스도께로 옮겨졌기 때문에 불법이 되었다.

지금도 마귀는 예수님을 시험했던 것처럼 자신에게 경배하면 천하만국을 주겠다고 사람들을 유혹한다. 그러나 이제 우리는 마귀가 아니라 만왕의 왕께 속했다. 진리를 깨닫고 구원을 받았다면 사탄의 영향력에서 끊어져야 한다. 이스라엘이 홍해를 건너 광야를 돌며 애굽의 잔재들을 끊어냈듯이, 우리가 원수들의 영향력에서 벗어나는 과정에는 영적 싸움이 있다. 이것은 회개의 과정이기도 하다.

특히 조상들이 악한 영들을 가문에 합법적으로 초청해놓았다면 가계(家系)로부터 오는 영적 전쟁이 있다. 이는 구원과 상관없는 영적 상황이다. 구원은 주권적으로 임했으나 보이지 않는 영의 세계에서 여전히 가정의 주인 노릇을 하며 끊임없이 불법을 주장하는 옛 주인들과 전투하는 영적 현상을 말한다. 그러나 이제 그들은 불법의 영이다. 나와 내 집의 주인이 주님이심을 당당히 선포하라.

셋째, "기업을 얻게 하리라"이다. 이 말씀은 회개가 믿음의 유업으로 열매 맺는 단계라 할 수 있다. 그리스도인의 신앙생활에 영향을 주는 두 동아줄이 있다. 우리의 믿음을 붙들어주는 경건의 동아줄과 그 반대로 우리 믿음을 흔드는 불경건의 동아줄이다. 이는 내면에서 조직되는 경건 혹은 불경건한 생각의 견고한 진(陣)으로, 습관이나 취향처럼 이미 형성되고 나면 쉽게 바뀌지 않는 영적인 관성법칙을 뜻한다.

경건의 동아줄이 우리 삶을 붙들면 반복적인 죄와 중독이 끊어지고 주(主) 앞에 머무르고자 하는 열망이 되살아난다. 진리가 마음의 중심을 잡아주어 상황과 환경에 흔들리지 않게 되고 하나님의 신실하심을 경험할 수 있는 통로가 넓게 열린다. 우리의 삶과 가문에 불경건한 어둠의 동아줄들이 끊어지고 거룩한 동아줄이 내려오기를 바란다. 죄를 깨닫고 진리를 발견하게 하는 계시와 치유의 은혜를 구하자.

회개해야 할 네 가지 요소

주님이 기뻐하시는 삶, 성결한 삶을 살고 싶어 하는 갈망에서 우리를 분리시키고, 그 소원을 따라 살아내지 못하게 하는 묶임이 있다. 이것들이 불경건의 동아줄이다. 우리를 꽁꽁 묶고 있는 어둠의 동아줄이다. 이 묶임을 끊어내기 위해서 회개해야 할 네 가지 요소가 있다. 이 네 요소는 견고한 동아줄을 구성하는 네 개의 날줄들이다.

1. 가계의 영적 전투

이제 종이 주의 종들인 이스라엘 자손을 위하여 주야로 기도하오며 우리 이스라엘 자손이 주께 범죄한 죄들을 자복하오니 주는 귀를 기울이시며 눈을 여시사 종의 기도를 들으시옵소서 나와 내 아버지의 집이 범죄하여 느 1:6

느헤미야는 자신의 죄뿐 아니라 '내 아버지의 집'의 죄를 회개한다. 사도행전 16장의 회개 사건을 생각해보자. 바울과 실라는 어떻게 하면 구원을 받는지 묻는 간수에게 다음과 같이 말한다. "주 예수를 믿으라 그리하면 너와 네 집이 구원을 받으리라"(행 16:31). 그런데 종종 이 말씀을 "예수님을 믿고 가족들을 한 명씩 전도하다보면 언젠가 가문이 다 구원받게 된다"라고 해석하는 경우가 있다. 하지만 이 말씀의 원문을 보면 "지금 네가 주 예수를 믿으면 너뿐 아니라 네 가계가 한 덩어리로 옮겨진다"라는 뜻이다. 이것은 각 사람 안에 있는 가계적 영향력을 의미한다.

우리가 성령님과 동행하려 할 때 하나님께 나아가지 못하게 우리를 묶는 어둠의 동아줄이 있다. 동아줄은 새끼줄 서너 가닥을 엮어 만든 줄이다. 이때 다른 새끼줄들이 서로 엮이며 꼬일 수 있도록 중심이 되는 줄이 있어야 하는데, 가계의 영적 전투 문제가 바로 그런 요소이다. 우리가 해야 할 영적 전쟁 중에서 분명히 가계와 관련된 영적 전쟁이 있다. 다시 말하지만 이는 구원론적 측면이 아닌 성화적 측면으로 구원의 여부와 상관없다. 구원을 받았지만 집안의 죄로 열린 어둠의 문이 있을 때, 그 틈으로 영적 공격을 받게 되는 것이다.

실제로 나는 영적 전쟁과 관련된 사역들을 하면서, 흔히 신병(神病)이라고 하는 증세로 인한 상담을 여러 차례 했다. 놀랍게도 그중에 장로, 권사, 때로 목사의 자제들도 있었다. 기독교 가정에서 자라 방송에 등장할 만큼 유명한 무당이 된 경우도 TV를 통해 보았다. 그렇다면 그런 사람들은 예정론적으로 구원받지 못하고 버려진 자인가? 아니다. 이런 일들의 배경에 가계 차원에서 회개하고 치열하게 싸워내야 할 영적 동아줄의 매임이 있다는 것을 발견하게 된다.

이를테면 어느 집안이 고조부 시절에 예수님을 알지 못하나 부유했었다고 하자. 그 당시 많은 죄를 지었고 그로 인해 어둠의 문이 열리게 되었다. 일단 어둠의 문이 열리면 악한 영들이 역사할 통로가 늘어나면서 그에 따른 저주의 열매들이 맺어진다. 처음에는 아무 문제가 없는 듯 보여도 시간이 흐르면서 집안에 어둠의 결과로 인한 어려움과 우환이 생긴다. 해결되지 않는 악재가 터질 때마다 큰 굿을 많이 하게 되는데, 부유한 집안에서 굿판이 벌어질 경우 3주 내지 한 달 정도 아예 무당을 집에 들여놓고 날마다 굿을 하는 경우도 있다. 그럴 때 온 가족들을 모아놓고 "시키는 대로 하겠습니다. 이 집안에 와서 모든 식구들과 하는 일들을 보호해주세요"라고 말하며 빌게 한다.

이렇듯 영적 세계의 법칙에 따라 고조부가 그의 가문에 귀신을 초청하며 자손들을 바친 것이다. 그러다가 할아버지 대에 이르러 예수님을 믿기 시작했고, 아버지 그리고 나 자신까지 구원받게 되었다. 이미 예수님을 믿은 삼대가 이루어졌지만 이상하게 영적 공격이 많다. 이것은 '초청과 영접의 원리' 때문이다. 한 번 초청받은 어둠의 영들은 아예 그 가문에 자리를 잡고 원수의 일들을 한다. 굿과 같은 초청의 행위를 통해 불러들인 영들이 그들을 부른 자가 죽을 때 함께 떠나가면 좋지만, 영들은 터를 잡은 가문에 끝까지 머무르려고 한다. 결국 이것들이 가정의 통치자와 권세, 강한 자가 되기도 한다.

우리의 씨름은 혈과 육을 상대하는 것이 아니요 통치자들과 권세들과 이 어둠의 세상 주관자들과 하늘에 있는 악의 영들을 상대함이라

엡 6:12

그러나 내가 하나님의 성령을 힘입어 귀신을 쫓아내는 것이면 하나님의 나라가 이미 너희에게 임하였느니라 사람이 먼저 강한 자를 결박하지 않고서야 어떻게 그 강한 자의 집에 들어가 그 세간을 강탈하겠느냐 결박한 후에야 그 집을 강탈하리라 마 12:28,29

바로 그 영들로부터 영적 공격이 시작되는 것이다. 구원받은 가정을 이루었지만 애매한 영적 공격이 있다고 느낀다면 그런 일들이 끊어지기를 기도하라. 자신이 모르는 상황이 있다면 깨닫게 해주시도록 기도하고, 자신이 아는 사실이 있다면 "나와 내 집이, 나의 조상이 범죄하였나이다"라고 회개하라. 그때 첫 번째 동아줄이 끊어질 것이다. 첫 번째 동아줄은 나머지 줄들이 엮이는 기준과 같기 때문에 매우 중요하다. 나의 의지와 상관없이 어둠에 열린 문이 되기도 한다. 이것을 불가항력적 원인이라고 한다.

2. 사고체계의 견고한 진

둘째, 사고체계의 견고한 진(陣)이다. 이는 가계의 영적 흐름과

가풍 등, 성장 과정에서 경험하는 지속적이고 절대적인 영향력 때문에 사고체계와 가치관이 한 방향으로 굳어지는 것을 말한다. 일단 사고체계가 굳어지면 마치 기차가 땅에 놓인 선로를 따라 달리듯 우리의 생각, 판단, 그로 인한 감정이 내면에 놓인 길을 따라 흘러가게 된다.

> 우리가 육신으로 행하나 육신에 따라 싸우지 아니하노니 우리의 싸우는 무기는 육신에 속한 것이 아니요 오직 어떤 견고한 진도 무너뜨리는 하나님의 능력이라 모든 이론을 무너뜨리며 하나님 아는 것을 대적하여 높아진 것을 다 무너뜨리고 모든 생각을 사로잡아 그리스도에게 복종하게 하니 너희의 복종이 온전하게 될 때에 모든 복종하지 않는 것을 벌하려고 준비하는 중에 있노라 고후 10:3-6

같은 상황에서도 불경건한 믿음의 진이 쌓인 사람들과 경건한 믿음의 사고체계가 쌓인 사람들은 각기 전혀 다른 반응에 도달한다. 기왕이면 믿음으로 반응하는 경건한 진이 있기를 바란다. 예상치 못한 문제나 급작스런 어려움을 만나면 불경건한 믿음의 생각들이 저절로 드는 사람들이 있다. '이때쯤 아버지가 돌아가셨는데, 역시?', '우리 집안은 잘 풀리는 듯하다가도 이때쯤 다시 어려워지곤 했는데, 혹시?' 이런 생각들은 하나님으로부터 온 것이 아니다. 이런 식의 생각들을 회개하고 끊어내기를 기도해야 한다.

대부분의 견고한 진은 집안에 흐르는 분위기와 영향력에 의해 쌓인다. 내가 원하든 원하지 않든, 부모님의 생활방식과 가족문화 등을 통한 경험과 학습으로 만들어진다. 사실, 성격과 기질, 취향과 스타일 등 '이게 나야!'라고 여기는 혼적(魂的) 영역은 보이지 않는 세계에서 이미 영향을 받아 형성된 것들이다.

말씀에 위배된 사고방식, 가치관, 신학을 비롯한 모든 생각의 기준을 회개하기 바란다. 나 역시 이 씨름을 했다. 믿지 않는 집안의 상황과 환경은 내 안에 여러 불경건한 믿음들을 심어놓았다. 그러나 나는 말씀과 기도의 자리에서 숨어 있던 나의 견고한 진들을 발견했고, 하나하나 회개하며 주님의 주권을 내 삶 가운데 선포할 때 자유케 되었다.

같은 상황에서 전혀 다른 반응을 보이는 자녀들이 있는가? 그럴 때 부모 세대가 기도의 자리에서 영적 돌파를 감당해야 한다. 믿음의 시간을 심으며 말씀과 기도로 씨름할 때, 자녀 세대의 마음과 생각을 보호할 경건한 믿음의 진이 쌓여간다. 이것은 악한 날을 만날 때 우리를 견고히 붙들어줄 경건의 동아줄이 된다.

3. 중독과 반복적인 죄

셋째, 반복적인 죄와 중독은 불경건한 사고체계의 견고한 진에서 비롯된 결과로, 앞의 두 가지 동아줄에 이미 묶여 있기 때문에 자연스럽게 일어나는 죄의 모습이다. 반복적으로 행하는 죄가 있다면, 그것이 나의 일부가 되지 않도록 계속해서 예수님의 보혈로 씻어내라. 그런 죄들을 포기하지 않고 끊임없이 주님 앞에 가져가다보면, 이 행동이나 감정이 왜 반복되는지 연결고리가 보이기 시작한다. 그 고리들을 하나씩 끊어내다보면, 주님이 첫 번째 동아줄을 보여주신다. 자백에 능력이 있음을 기억하라. 보혈의 능력을 의지하고 자백의 기도를 멈추지 않는다면 우리를 괴롭히던 반복적인 죄들이 끊어질 것이다.

4. 악한 영들의 영향력

반복적인 죄가 거듭되면 넷째 줄이 엮이면서 어둠의 동아줄이 완성된다. 그러면 악한 영들의 실제적인 영향력과 괴롭힘이 시작된다. 앞서 세 개의 동아줄이 함께 묶이면서 어둠의 영계가 활짝 열리고, 밤마다 가위에 눌리거나 때로는 헛것을 보는 등 일상생활에서도 악한 영의 활동을 느끼게 된다.

어릴 때부터 가위눌림에 자주 시달리던 한 목사님의 십 대 시절 이야기이다. 악몽이나 가위눌림과 같은 괴로움은 이미 그의 삶의 일부가 되었고, 그는 이런 영적 눌림의 현상에 대해 문제의식조차 없었다고 한다. 그러던 어느 날 양육을 받다가 이런 것들이 영적인 문제이며 영적 전쟁을 해야 한다는 것을 깨달았다. 그날 밤, 여느 때와 마찬가지로 가위눌림이 찾아오려 하자 그는 벌떡 일어나서 "예수의 이름으로 명하노니 떠나가라!"라고 선포했다. 처음에는 아무 일도 없었다. 그러나 두 번째로 악한 영을 대적하며 기도했을 때 무언가 꿈틀거리는 느낌이 들었다. 그는 계속해서 어둠의 영을 꾸짖었고, 마침내 악한 영은 괴이한 소리와 함께 그 방에서 쑥 빠져나갔다. 놀랍게도 그 사건 직후, 그의 신앙생활에 실제적인 변화가 일어났는데 기도 시간이 두세 시간으로 늘어나고 말씀이 재밌어지기 시작했다는 것이다.

혹시 이런 영적 시달림을 받고 있는 분이 있는가? 왜냐하면 앞서 말한 세 동아줄에 이미 묶여 있기 때문일 수 있다. 특별히 첫 번째 동아줄의 영향력이 강하다. 그리스도인의 삶에 영적 눌림의 현상들이 있다는 것은 정상적이지 않다. 이제 이런 일들을 자연스러운 것으로 받아들이지 말고, 주 예수의 이름으로 대적하여 자신의 삶에서 끊어내기 바란다.

이렇게 기도하자!

1 나의 기도가 이 땅에서의 안위와 성공을 구하는 데 머무르지 않고, 하나님의 나라를 움직이는 차원으로 성장하도록 기도하자. 하나님의 역사에 동참하며 주님과 동역하는 기도를 경험하자.

"주님, 나의 기도가 예수님께서 가르쳐주신 기도처럼 아버지의 뜻을 구하는 기도로 자라게 하옵소서. 하나님의 나라와 의를 구할 때 내 삶에 부어지는 은혜를 경험하기 원합니다. 하나님의 위대한 소원이 품어지게 하시고, 그것을 위해 기도하는 심령을 부어주옵소서."

2 회개의 은혜와 회개의 계시가 임하도록 기도하자. 회개는 그리스도와 그리스도께서 이루신 일 안으로 돌아와 그것을 누리는 것이다. 느헤미야서 1장 5-9절 말씀으로 철저히 회개하자. 가정과 일터, 세상에 적용되어야 할 하나님의 말씀이 회복되기를 구하자.

"주여, 회개의 은혜를 부어주옵소서. 또한 회개의 계시가 있게 하여주옵소서. 제 연약함으로 인한 자범죄뿐 아니라 저희 가정과 가문의 문제, 이 민족과 나라의 죄악들을 회개하게 하옵소서. 깊은 곳까지 주님의 빛을 비춰주옵소서. 무너진 기준과 원칙들이 제 삶과 이 땅 가운데 회복되게 하여주옵소서."

3 나와 내 집의 구원을 위해 기도하자. 특별히 사도행전 16장 31절과 여호수아서 24장 14,15절 말씀을 붙잡고 기도하자. 나와 내 자녀의 이름 위에 주님을 초청하며 그분을 내 집을 다스리는 분으로 고백하고 선포하자.

"주님, 제가 알든 모르든 저의 아버지 혹은 할아버지가 섬겼던 모든 어둠의 영이 더 이상 나와 상관없음을 선포합니다. 나와 나의 자녀들은 여호와만을 섬기노라. 여호와의 것이 되었노라. 주 예수의 이름으로 명하노니 초청받지 않은 모든 불법의 영들은 나와 내 가문에서 활동을 멈추고 떠나갈지어다!"

CHAPTER 02

비전을 성취하는
사람의 특징

느헤미야서 2:1-20

때를 기다리면 하나님이 일하신다

느헤미야는 이스라엘이 잊었던 언약 백성의 자리를 다시 기억하고 그들의 정체성과 부르심을 회복하게 하려 한다. 이를 위해 첫 번째로 한 일이 "여호와께 성결"이다. 이것은 1장에서 이미 '회개'라는 주제로 다루었다. 중요한 인생의 시기에 특별한 이유 없는 지연 또는 갈취가 있다면 회개의 은혜를 기억하며 기도하기 바란다. 말씀에 굴복하고 돌이켜 십자가 안에 거할 때 어둠의 영향력이 끊어지고 아버지의 풍성함을 맛보는 회개의 열매를 맺을 것이다.

  2장은 느헤미야가 거룩한 기도를 올린 후 때를 기다리던 중에 일어난 일이다. 1,2절을 보면, 왕이 느헤미야에게 "네가 병이 없거늘 어찌하여 얼굴에 수심이 있느냐"라고 물어본다. 느헤미야는 왕의 술 관원이었는데도 하나님의 이름과 하나님의 나라로 인한 감출 수 없는 근심이 얼굴에 가득했다. 이는 왕의 앞에 서는 신하로서 매우 부적절한 처신이다. 존경과 충정을 담아 왕을 섬기는 태도가 있어야 하기 때문만이 아니다. 왕족들에게는 '독살'이 심각한 문제였다. 그래서 왕실에서는 술 관원과 떡 관원을 세워 왕에게 올릴 음식에 독이 들었는지 검사하도록 한다. 그런데 이런 자가 근심어린 표정을 짓는다는 것은 왕의 음식에 스스로 독을 탔거나 독이 들어 있는 것을 알면서 모른 척하는 것으로 의심할 만한 상황으로 보일 우려가 있는 것이다.

더욱이 느헤미야는 포로 출신이다. 주변에서 그를 의심하고 음해하는 사람들도 있었을 것이다. 그렇다면 느헤미야는 언제든지 왕의 친위대에게 끌려가 조사나 심문을 당할 수 있었다. 그런데도 그는 왕이 알아볼 정도로 근심에 휩싸여 있었다. 표정 관리를 할 수 없을 만큼 하나님을 위한 거룩한 근심과 이스라엘의 회복을 바라는 간절함이 그를 사로잡고 있었다.

2절은 당시 느헤미야의 심정을 고스란히 알려준다. 느헤미야는 왕의 질문에 크게 두려워했다. 그러나 곧 차분하고 담대하게 그의 소원을 말한다. "왕이여, 내 삶에 중요한 의미가 되는 조상들의 묘실이 있는 성읍이 무너지고 훼파되었다고 하는데 내가 어찌 편할 수 있겠습니까?" 결국 느헤미야는 왕으로부터 예루살렘의 성벽 재건을 위한 공사 진행을 허락받는다. 하나님께서 아닥사스다 왕의 재물과 사람들, 그밖에 필요한 모든 것을 느헤미야에게 붙여주신 것이다.

우리가 하나님의 나라와 그의 의를 위한 위대한 소원을 품고 기도하면 주께서 일하기 시작하신다. 느헤미야서에는 "하나님의 선한 손이 나를 도우신다"라는 느헤미야의 고백이 곳곳에서 등장한다. 주님은 위대한 소원을 주시는 분이다. 또한 그 소원을 성취해 나가시는 분이다. 우리의 순종과 믿음의 결단, 기도의 씨름을 통해 하나님께서는 그의 뜻을 이루신다.

위대한 역사를 이룬 사람들의 조건

많은 사람이 하나님께서 주신 부르심을 잃어버린 채 살아간다. 이스라엘이 애굽에서 나와 가나안으로 들어가기까지의 여정을 생각해보자. 구원론적 관점에서 이스라엘의 출애굽은 주권적 구원을 의미한다. 반면, 광야 40년은 구원을 이루어가며 부르심의 자리로 들어가기 위한 준비 과정이다. 이 역사 속에서 여호수아와 갈렙이 상징하는 의미를 기억하기 바란다. 애굽에서 나온 세대 중 가나안으로 들어간 자는 오직 여호수아와 갈렙뿐이었다. 주님이 주신 부르심을 온전히 이루는 자들이 극히 드물다는 것이다. 느헤미야서 2

장은 여호수아와 갈렙처럼 위대한 역사를 이루는 사람의 세 가지 특징을 이야기한다.

1. 분명한 정체성

위대한 역사를 이룬 사람들의 첫 번째 조건은 '분명한 정체성'이다. 본문 9절과 10절을 보자.

군대 장관과 마병을 보내어 나와 함께하게 하시기로 내가 강 서쪽에 있는 총독들에게 이르러 왕의 조서를 전하였더니 호론 사람 산발랏과 종이었던 암몬 사람 도비야가 이스라엘 자손을 흥왕하게 하려는 사람이 왔다 함을 듣고 심히 근심하더라 느 2:9,10

왕의 허락을 받고 느헤미야는 예루살렘으로 귀환하게 된다. "이스라엘을 흥왕하게 하려는 자가 왔다"는 느헤미야의 소문이 자자하다. 그는 '이스라엘을 흥왕하게 하는 자'라고 불린다. 마귀조차 인정한 느헤미야의 정체성이다. 성경을 보면, 사탄의 나라에서도 유명세를 떨치는 하나님의 백성들이 있다. 사도행전 19장의 사도 바울이 그렇다. 바울은 에베소에서 어마어마한 부흥을 일으킨다. 그 모습을 보고 스게와의 아들들도 바울이 말하는 예수 이름을 빙자하여 귀신에게 명했다. 그때 귀신이 그들을 비웃으며 말한다. "내가 예수도 알고 바울도 아는데 너희는 누구냐?”

정체성은 삶의 태도와 자세로 이어진다. 왕자의 옷을 입히고 “이제부터 너는 왕자다!”라고 말해주어도, 내면에 거지의 정체성이 있다면 그는 여전히 거지처럼 살고 거지와 같은 행동을 하게 된다. 하나님이 쓰신 위대한 사람들은 남들이 뭐라 해도 주 안에서 자기 정체성이 분명하다. 바로 이런 이들이 세상과 타협하지 않고 죽음 앞에서도 당당하며 자신의 길을 끝까지 걸어갈 수 있다.

그리스도인의 정체성 중 하나는 ‘준마’이다(아 1:9). 우리는 바울의 병거를 끄는 준마와 같이 전쟁에 나가 싸워 전리품을 취하는 자들이다. 초식동물인 말은 원래 겁이 많다. 그러나 북소리와 칼소리를 들려주고 피 냄새에 익숙해지도록 훈련하면 말의 본성이 바뀐다. 전장의 굉음이 들려올 때 세차게 콧김을 내뿜으며 땅을 박차고 달리는 준마가 되는 것이다. 전쟁을 두려워하지 않는 준마가 되자. 주님은 우리를 용사로 부르셨다.

1) 원초적 정체성, 하나님의 아들 됨

견고하게 다져야 할 가장 근원적이고 근본적인 우리의 정체성은 하나님의 아들 됨(sonship)이다. 하나님이 왜 우리를 창조하셨는지, 이 엄청난 역사가 어떻게 시작되었는지 우리에게 분명히 정립되어야 한다.

곧 창세 전에 그리스도 안에서 우리를 택하사 우리로 사랑 안에서 그 앞에 거룩하고 흠이 없게 하시려고 그 기쁘신 뜻대로 우리를 예정하사 예수 그리스도로 말미암아 자기의 아들들이 되게 하셨으니

엡 1:4,5

아담은 하나님께서 주시는 놀라운 능력과 권세를 받았으나 뱀의 유혹에 넘어져 죄 아래 놓이게 되었다. 그러나 예수 그리스도께서 빼앗겼던 이 모든 권세를 다시 회복시키셨다. 로마서 5장은 이렇게 설명한다. "첫 번째 아담이 불순종함으로 우리가 다 사망에 들어갔다. 그러나 둘째 아담이 죽기까지 순종함으로 죄에 종노릇했던 우리를 살리셨다." 아담의 범죄 이후 하나님과 원수 되었던 우리에게 그리스도께서 이루신 십자가의 승리가 아들의 자리를 되찾아주었다. 창세 전에 예정된 '하나님의 아들'이라는 정체성 안에서 구원받은 성도의 권세를 깨닫기 바란다. 이는 창조의 목적을 깨달아 우리의 근원적 정체성을 회복하는 축복이다. 이 주제는 매우 깊고도 넓다. 창조의 목적을 알자.

2) 개인적 정체성, 부르심

주님으로부터 온 분명한 사명이 있어야 한다. 사명이 없는 그리스도인은 좁은 길을 만날 때 흔들리게 된다. 부르심 안에서 정체성을 온전히 세우라. 어떠한 상황에도 "나는 하나님의 사람이다", "나

는 하나님나라를 위한 자다"라고 분명히 말할 수 있기를 바란다.

하나님께서 이스라엘 백성을 애굽에서 내보내라고 말씀하실 때, 바로는 끊임없이 협상하려고 했다. 그는 사흘 길 이상 너무 멀리 가서는 안 된다, 남자들만 가서 제사를 드려라, 가축을 두고 가라고 하는 등 계속 타협점을 제시했다. 우리가 부르심의 자리로 가는 여정에도 이런 방해가 있다. 원수는 계속해서 우리가 전진하지 못하도록 타협해온다. 바로의 소리를 뒤로하고 부르심의 자리를 향해 나아가기 바란다.

사명이 크든 작든, 주님으로부터 온 것이라면 기를 쓰고 달려가자. 우리가 부르심을 이루어갈 때 그것이 하나님을 영화롭게 한다. 주께서 부르신 자리에 선 자들을 통해 하나님께서 이 세상에서 높임을 받으신다.

3) 교회의 정체성

우리가 반드시 중수해야 할 또 하나의 정체성은 교회로서의 정체성이다. 우리로서 나, 나로서 우리 되는 교회. 이는 또 다른 나를 아는 것이다. 교회는 곧 공동체이다. 오늘날 교회에 대한 오해 중에 하나는, 교회를 내가 구하는 응답을 받는 곳으로 생각하는 것이다. 하지만 이것은 성경이 말하는 교회의 정체성이 아니다.

교회는 "택하신 족속이요 왕 같은 제사장들이요 거룩한 나라"로서 부르심 받았다. 베드로전서 2장 9절, 마태복음 16장 18,19절,

마태복음 21장 12,13절, 사도행전 15장 15-17절의 말씀들을 보라. 교회는 천국 열쇠로 하늘을 열고 닫는 이 땅의 생명 공동체이다. 하늘과 땅을 연결하고, 매일 것들을 매고, 풀어야 할 것들을 풀어주는 자들이 교회이다. 우리의 문제를 가지고 나와 해결을 구하고 축복을 비는 곳이 아니다. 오직 그의 나라와 의를 구하면 주께서 모든 것을 더하시는 것이다.

이 땅의 교회가 치매 현상에서 깨어나기를 바란다. 교회를 디자인하고 설계하신 분은 주님이시다. 사람들이 박수쳐주는 자리, 세상이 요구하는 자리에 있기 원한다면 교회의 정체성을 잊은 것이다. 우리가 원하는 교회가 아니라 주님이 계획하시는 교회를 세워야 한다.

교회는 하나님의 아들 됨이 회복된 자들의 모임이다. 정사와 권세들에게 명령하며 신령한 비밀을 선포하는 공동체이다. 이 나라의 교회들이 권세를 회복하기를 기도한다. 위대한 교회의 정체성을 회복하여 그의 나라와 그의 의를 구하며, 하나님의 나라를 능력으로 선포하자.

2. 하나님과 소통하는 영성

위대한 역사를 이룬 사람들의 또 다른 특징은 하나님과 소통하는 자들이라는 점이다. 그들에게는 인생의 이유와 목적이 되는 하나님의 계시, 하나님의 말씀, 하나님의 약속이 있다. 위대한 비전, 위대한 부르심의 성취는 위대한 하나님을 아는 깊이의 크기이다.

> 왕이 내게 이르시되 그러면 네가 무엇을 원하느냐 하시기로 내가 곧 하늘의 하나님께 묵도하고 느 2:4

왕이 느헤미야의 얼굴에 근심이 있는 것을 보고 그 이유를 물었을 때, 느헤미야는 놀라 두려워했다. 그러나 즉시로 하나님께 묵도했다. 느헤미야가 횡설수설하지 않고 왕 앞에서 자신의 거룩한 소원을 말할 수 있었던 것은 하나님과 소통했기 때문이다. 이후에 성벽을 재건할 때도 그는 자신의 뜻을 앞세우지 않고, 하나님께서 주신 마음을 따라 행한다.

> 내 하나님께서 예루살렘을 위해 무엇을 할 것인지 내 마음에 주신 것을 내가 아무에게도 말하지 아니하고 밤에 일어나 몇몇 사람과 함께 나갈새 내가 탄 짐승 외에는 다른 짐승이 없더라 느 2:12

이 땅에 주님과 소통하는 영성을 가진 교회가 필요하다. 교회의 선지성(先知性)이 회복되어야 한다. 이 땅의 교회들이 이제는 제자를 넘어 '사도적 제자'로 세워지기를 축복한다. 사도적 제자란 성령으로 인도함 받는 제자로서 로마서 8장 4-15절 말씀처럼 영을 따르며 영의 일을 행하는 자이다.

복음서의 제자들을 보라. 그들은 예수님 곁에 머물면서 보고 들으며 배웠지만, 여전히 주님의 말씀을 이해하지 못하고 오히려 주님과 반대되는 가치관을 말하곤 했다. 그러나 사도행전 이후 제자들의 모습은 어떠한가? 그들은 성령으로 보내심을 받은 제자가 되었다. 성령으로 주님과 소통하는 사도적 제자로 선 것이다. 여기에 반드시 기억할 점이 있다. '제자도' 없는 '사도적 제자도'는 없다. 철저히 제자도를 통과해야 성령으로 보내심을 받는 자가 될 수 있다. 자기 십자가를 지고 주님을 따라가기 위한 훈련의 시간을 통과해야 하는 것이다.

때로 중보자들과 선지자적 은사를 가진 자들의 도움을 받을 수 있다. 하나님의 종들이 가이드라인을 만들어 우리를 보호해주기도 한다. 중요한 것은, 하나님과 소통하는 법을 배우지 못한 채 타인의 말에만 의지하는 사람이 아니라 스스로 주님의 음성을 들을 수 있는 진짜 하나님의 사람이 되는 것이다. 하나님과 깊이 동행하는 법에 능숙한 자들이 되기를 바란다.

3. 타협하지 않는 믿음의 의지

하나님의 위대한 일들을 시작할 때는 대적들의 방해와 핍박이 있다. 2장은 "이스라엘 자손을 흥왕하게 하려는 사람이 왔다!"라는 선포 이후 대적들의 움직임이 있음을 보여준다. 그들은 느헤미야를 비웃으며 두렵게 하려고 했다. 주께서 이끄신 길 위에서 우리는 위기를 만날 수 있다. 산발랏과 도비야 같은 방해자들이 일어나 하나님의 사람을 대적한다. 이 일은 우리가 원수와 타협하고 적당한 선에서 멈추지 않는 한 반드시 일어난다.

> 내가 그들에게 대답하여 이르되 하늘의 하나님이 우리를 형통하게 하시리니 그의 종들인 우리가 일어나 건축하려니와 오직 너희에게는 예루살렘에서 아무 기업도 없고 권리도 없고 기억되는 바도 없다 하였느니라 느 2:20

이런 위기가 올 때 20절의 말씀과 같이 원수를 향하여 "너희에게는 아무 기업도 없고 권리도 없다!"라고 선포하라. 하나님께서 주신 소원과 분깃을 붙잡을 수 있는 용기와 굳은 의지를 가져라. 히브리서 11장 1-3절의 말씀은 믿음의 삶이 보이는 것을 따라 사는 삶이 아니라고 말한다. 좋은 환경과 여건이 주어졌다면 그때 그만큼 해내는 것은 당연한 일이다. 믿음은 조건을 초월한다. 믿음의 사람들은 길이 보이지 않아도 하나님께서 말씀하시면 걸어간다. 그때 길이 생긴다.

아브람이 갈대아 우르를 떠난 것은 요즘과 같은 동네 이사 수준이 아니었다. 그 당시는 씨족국가들이 약육강식의 법대로 살육을 일삼던 시대이다. 지금처럼 이상적 평화에 가치를 둔 국가간 협약이나 조정 기관도 없었다. 한 집안이 그가 속한 부족을 떠나 씨족국가들 사이를 헤매며 돌아다니는 일은 전 재산뿐 아니라 생명을 건 위험한 여행이다. 그래서 하나님은 아브람에게 끊임없이 그를 돕고 지키시겠다고 말씀하셨다.

조건이 맞고 상황이 열려서 행한다면 그것은 믿음이 아니다. 불가능해 보일 때, 그래서 때로 두렵더라도 여호와의 말씀을 따라 걸어가다보면 길이 열린다. 느헤미야의 여정도 그랬다. 왕의 후원을 등에 업고 순조롭게 출발한 듯하지만, 느헤미야는 점차 힘겹고 두려운 상황들을 마주하게 된다. 그러나 그는 결코 포기하지 않았다. 믿음 안의 결연한 의지로, 느헤미야는 사명을 이루어낸다.

두려움을 대적하라. 하나님의 사람들은 죽음과 실패를 두려워하지 않는다. 마음을 강하게 붙들어라. 여호수아서 1장은 수차례 "강하고 담대하라"고 명한다. 바울 역시 영적 아들인 디모데에게 강하고 담대한 마음과 태도를 당부했다. 하나님의 사람은 사람이나 환경을 두려워하지 않는다. 그들은 용기와 믿음의 담력을 지녔다.

위대한 역사를 이룬 하나님의 사람들의 특징으로 정체성, 하나님과의 소통, 굳은 믿음의 의지를 나누었다. 이 세 가지는 순서대로 이루어진다. 때로 정체성이 분명하지 않은데 하나님과 깊이 소통한다고 생각하는 사람들이 있다. 하지만 그들은 원수의 거짓말에 속기 십상이다. 또는 하나님과 소통하지 않으면서 굳은 의지로 전진하는 사람들도 있다. 그런 사람은 가족이나 주변의 가까운 사람들을 함께 책임져야 할 상황에서 큰 어려움을 겪을 수 있다. 이 세 가지 조건을 반드시 잘 구비하기를 축복한다.

이렇게 기도하자!

1 흔들리지 않겠다는 의지와 각오를 하나님께 올려드리자. 두려움을 버리게 해달라고 기도하자.

"주님, 부르심의 길을 가며 거센 저항이 와도 흔들리지 않겠습니다. 비바람이 불어와도 간사하게 말을 바꾸지 않고 하나님 앞에 서는 군사가 되겠습니다. 나를 작아지고 두렵게 하고, 비겁하게 만드는 내 안의 모든 두려움은 떠나갈지어다. 주님, 용사의 마음과 영을 부어주소서."

2 청종의 삶을 살기를 기도하자. 하나님의 소리를 들을 수 있는 주님과의 친밀함이 더욱 회복되기를 구하자.

"성령이 교회들에게 하시는 말씀을 들을지어다. 이 시대 주님의 소리를 듣게 하소서. 이삭을 바치라는 하나님의 말씀에 칼을 들고 아들을 잡으려고 했던 아브라함과 같은 청종의 삶이 열리게 하소서."

3 정체성과 부르심이 회복되도록 기도하자. '나'인 줄 알았는데 사실은 하나님으로부터 오지 않은 정체성, 부르심과 상관없던 과거의 습관들을 버리자.

"주님 안에서 새로운 정체성과 부르심을 주신 것을 감사드립니다. 과거의 거짓된 정체성을 버리고, 주께서 주신 새로운 삶의 비전을 감당하게 하옵소서."

CHAPTER 03

위대한 역사를 이루는 조건

느헤미야서 3:1-3, 28-32

위대한 일을 이루는 조건

3장에 들어서 느헤미야는 성문을 중수할 구역을 각 사람에게 정해 주고 양문에서부터 성벽 재건 공사를 시작한다. 성벽 한 바퀴를 둘러 경계가 설정되고 성벽 윤곽이 선명해진다.

그때에 대제사장 엘리아십이 그의 형제 제사장들과 함께 일어나 양문을 건축하여 성별하고 문짝을 달고 또 성벽을 건축하여 함메아 망대에서부터 하나넬 망대까지 성별하였고 느 3:1

예루살렘 성벽의 지도를 보면, 성벽에서 가장 높은 망대인 함메아 망대와 하나넬 망대가 우뚝 서 있다. 망대는 성전을 수비하고 보호하는 경계탑이다. 성전 가장 가까이에서 성전을 파수하는 두 망대의 벽, 그 옆에 양문이 있다. 양문은 성전에 제물로 드릴 양들이 드나드는 문이다. 성벽의 시작은 바로 양문이다.

본문에서 '양문'은 특별한 의미를 전한다. 양문은 성벽 보수가 시작되는 지점이자 끝 지점이다. "성별했다"라는 표현이 유일하게 사용되기도 했다. 그래서 양문을 중수하는 일은 제사장 집안에 맡겨졌다. 모든 성벽 중수의 시작이자 마지막인 이 자리가 성별되었음에 주목하자. 하나님께 바치는 양들이 드나드는 양문을 성별함으로써 성문에 문짝을 달고 바로 세우는 일이 시작된다.

1. 성별

하나님께 위대한 소원을 받고 분명한 정체성과 부르심 위에 선 사람들이 이를 살아내기 위해 구하고 갖추어야 할 조건들이 있다. 그 첫 번째가 '성별'이다. 느헤미야는 하나님의 성전을 수비하는 성벽을 보수하면서, 먼저 하나님께 드릴 제물들이 드나드는 양문을 거룩하게 구별했다. 성전의 재건은 성전을 수비하는 망대 옆 양문을 성별함으로 시작되었다.

그렇다면 본문의 성별이 우리에게 의미하는 것이 무엇일까? 성별은 '거룩'으로 표현될 수 있다. 거룩이란 위엄을 과시하려고 만들어내는 점잖고 엄숙한 기세나 분위기가 아니다. 소리 높여 외치거나 뛰며 예배하는 모습을 거룩하지 못하다고 생각한다면 성경이 말하는 거룩을 오해하는 것이다. 성별과 거룩의 의미는 하나님 앞에서 구별됨에 있다.

구약의 악기들을 생각해보자. 비파와 수금과 나팔은 이스라엘이 제사 때만 쓰는 악기가 아니었다. 이것은 일상생활에서도 사용될 뿐 아니라 심지어 이방인들도 사용하던 악기였다. 그러나 하나님의 것으로 구별되면 그때 그 의미가 완전히 달라진다. 어린 양의 피를 바르고 "이것을 여호와의 것으로 성별한다"라고 선언하면 그 악기들은 여호와께 제사드릴 때만 사용된다. 양문도 마찬가지이다. 밖에서 보면 다른 성문과 별 다를 바 없는 문들 중에 하나일 수 있다. 그러나 제사와 직결된 문이기 때문에 양문은 구별된다.

성별(聖別)은 "하나님의 것이 하나님의 것 되게 하는" 것이다. 그렇기 때문에 우리에게 성별과 거룩이란, 있어야 할 자리에 놓이게 되는 것을 의미한다. 우리는 하나님의 시간에 하나님께서 부르시는 자리에 있어야 한다. 부르심 받은 자들이 주어진 길을 가는 것이 중요하다. 따라서 어떤 자리가 좋아 보여서 부르심이 아닌 길을 간다면 그것은 큰 문제이다. 있어야 할 자리에 있는 것이 구별이다. 우리를 통해 하나님나라의 역사가 이루어지기 위해서는 나 자신을 하나님의 것으로 구별하는 것이 중요하다.

수많은 세상 사람들 중에 주님은 우리가 그분의 것이라고 말씀하신다. 그리고 주께 속한 자로서 세상과 구별되라고 말씀하신다. 소위 '바닥 논리'를 말하는 자들을 만날 때가 있다. "목사님이 이 바닥을 몰라서 그래요. 이 바닥에서는 일하는 방법이 다릅니다." 주님은 우리가 세상의 소금과 빛이라고 하셨다. 소금이 짠맛을 잃으면 밖에 버려져 사람에게 밟힐 뿐이다.

성별의 또 다른 의미는 '언약'이다. 하나님과 언약을 체결하면 그 언약 안에 거하며 언약을 지켜야 한다. 예수께서 십자가에 달리신 것이 나의 사건이 되면서 하나님과 우리는 언약을 맺게 되었다. 어린양의 피가 우리를 씻었고, 우리는 영원한 생명으로 구속받았다. 성별은 언약 안에 있는 자들만을 위한 것이다. 하나님과 맺은 언약으로 우리는 성별되었으며 성별된 자로서 세상과 구별되어야 한다. 이것이 위대한 성취자들의 특징이다. 세상과 거꾸로 가는 듯하나 주님은 자신의 백성들, 하나님의 법으로 구별된 자들의 편에서 싸우신다. 이것이 비밀이다.

2. 공동체의 일치와 경계

두 번째는 '공동체의 일치와 경계'이다. 느헤미야서 3장은 영적 전쟁에 들어가기 위한 준비의 과정을 그리고 있다. 어디까지가 그들이 수축해야 할 공간이며, 어디서부터 어디로 공사를 진행할지, 차분히 내려다보며 명확히 인지한다. 그리고 모든 이스라엘 백성이 각자에게 맡겨진 구간을 지켜가며 경계를 쌓아 나간다. 예루살렘의 경계는 어느덧 선명해졌다.

1) 공동체, 몸의 원리

다윗과 다니엘과 같은 하나님의 사람들을 보면 함께하는 자들이 항상 있었다. 느헤미야에게도 그의 일을 함께하며 돕는 자들이 있었다. 공동체, 몸의 원리는 왜 교회가 함께해야 하는지 그 중요성을 말해준다. 교회는 영적 가족이며 한 몸을 이룬 공동체이다. 교회를 이룬 '우리' 속에 새로운 가족이 생긴다.

앞서 회개를 다루면서 가계로부터 오는 불경건의 동아줄이 경건한 삶으로 나아가지 못하게 우리를 붙잡을 수 있다는 것을 말했다. 그런데 우리가 영적 공동체를 만나 그들과 몸을 이루고 우리의 삶을 의탁하면 새로운 영적 변화들이 시작된다. 육신의 가계로부터 오는 불경건의 동아줄을 믿음으로 끊을 뿐 아니라 새로운 영적 가계, 즉 하나님의 공동체의 유업들을 함께 공급받고 누리게 된다는 것이다. 교회의 원 뿌리는 예수 그리스도께 있다. 예수 그리스도로부터 경건의 동아줄이 내려와 우리를 든든히 세우는 믿음으로 붙드는 것이다.

> 온 몸이 머리로 말미암아 마디와 힘줄로 공급함을 받고 연합하여 하나님이 자라게 하시므로 자라느니라 골 2:19

머리와 온 몸이 각 마디와 힘줄로 연결되어 자라간다. 몸의 원리에서 기억할 것은 몸을 이룬 각자에게 역할이 있다는 점이다. 우리 몸에 필요 없는 부분이 있는가? 각 사람이 그 자리에 있는 것만으로도 소중한 역할을 감당하고 있음을 잊지 말라.

요한복음 15장에서 열매는 가지가 홀로 힘써서 맺은 것이 아니다. 잎사귀는 잎사귀대로, 가지는 가지대로, 줄기는 줄기대로, 뿌리는 뿌리대로 모두 힘을 합쳐서 열매를 맺는다. 모두가 한 나무를 이루어 열매를 맺어 아버지 하나님께 영광을 돌린다. 성벽 재건을 위해서 각 사람의 할 일이 나누어졌다. 그러나 모두 한마음으로 함께했기에 가능했다. 어느 한 곳이 무너져 있다면 그 부분 때문에 성벽 전체가 다 무너질 수 있다. 성벽을 아무리 잘 수축한들 무너진 틈이 있다면 무슨 소용이 있을까?

성경 속 위대한 하나님의 사람 중 독불장군은 없었다. 다니엘이 용기 있게 왕 앞에 나갈 수 있던 것은 불 속에라도 같이 들어갈 수 있는 친구들이 있었기 때문이다. 단지 기도를 부탁하는 정도가 아니라 기도의 자리에서 함께 버티며 믿음을 주창했던 사람들이 있었기에, 하나님의 사람들이 흔들리지 않을 수 있었다. 삼겹줄의 원리는 위대한 역사를 이루는 중요한 비밀이다.

한 사람이면 패하겠거니와 두 사람이면 맞설 수 있나니 세 겹 줄은 쉽게 끊어지지 아니하느니라 전 4:12

부르심 받은 몸 안에 있을 때, 내가 그 자리에 함께 있는 것만으로도 내 삶에 주의 나라가 확장된다. 그의 나라가 확장되면서 나도 함께 자라나게 된다. 몸 안에서 우리는 담대하고 겸손할 수 있다. 내가 높아지는 날이 와도 영광을 가로채지 않고, 몸과 함께 하나님께서 영광 받으시도록 한다.

부르심을 이루며 몸 안에서 온전케 되는 길은 '충성됨'이다. 내게 주어진 자리에서 최선을 다하는 삶은 공동체 전체를 풍성하게 만든다. 누가 알아주든지 또는 전혀 몰라주어도 자신에게 맡겨진 구간을 성실하게 파수하고 세워나갈 때 나도 자라나고 몸도 성장한다. 그리스도의 몸이 아름답고 건강하게 세워지며 하나님나라의 더 깊은 비밀을 함께 경험하게 된다.

2) 경계

느헤미야서 3장의 작업들을 통해 양문에서 양문까지 각 구간이 연결되며 경계가 선명해진다. 사명을 감당하기 위해서는 본문과 같이 경계를 세우는 일이 성도의 삶에 반드시 필요하다.

경계 설정이 잘 안 되어 있거나 아예 경계 자체가 없는 사람들 중에는 자신이 융통성이 좋다고 착각하는 이들이 있다. 경계가 무너져 있으면 얼핏 보기에 유연한 사람처럼 보일 수 있지만, 실상 그들은 보호벽이 없는 것이다. 경계가 없으면 원수들이 넘보고 도전해올 틈이 그만큼 열려 있는 것이다. 사탄이 누구인가? 귀신들이 누구인가? 자신의 경계를 버린, 자리를 잃어버린, 자신이 있어야 할 자리를 벗어난, 경계를 떠난 영들이다.

느헤미야는 2장에서 다음과 같이 말한다.

후에 그들에게 이르기를 우리가 당한 곤경은 너희도 보고 있는 바라 예루살렘이 황폐하고 성문이 불탔으니 자, 예루살렘 성을 건축하여 다시 수치를 당하지 말자 하고 느 2:17

우리가 세워야 할 경계들을 크게 세 가지로 나누어보자. 그리스 도인의 삶 가운데는 부르심의 경계, 삶의 경계, 몸의 경계가 선명해야 한다.

① 부르심의 경계

일명 '멀티형'인 사람들이 있다. 축복이다. 하지만 무슨 일을 얼마나 많이 하든, 그의 부르심이 선명해야 한다. 앞서 나눈 '성별됨'은 '부르심의 경계'와 일맥상통한다. 거룩함과 성별됨의 의미는 그가 있어야 할 자리에 있는 것이다. 레위기를 보라. 하나님은 성막을 섬길 레위인들을 구별하실 뿐만 아니라, 하나님을 위해 사용될 각양 물건들이 어디에 놓이며 어떻게 사용되어야 할지 분명히 말씀하셨다.

있어야 할 자리와 섬겨야 할 일을 알 때 경계가 선명해진다. 좋은 리더는 어떤 사람에게 일을 맡겼는데 그가 스스로 경계를 설정하지 못하고 있을 때 경계를 세워준다. 때로 열정이 넘쳐서 이 일 저 일 가리지 않고 모두 섬긴다고 하는 사람을 보는데, 리더가 진심으로 그 영혼을 사랑하고 위한다면, 그 일들을 맡기기 전에 그의 부르심과 경계를 분명히 세워주어야 한다. 반면에 나쁜 리더는 당장 자기 사역의 진행이 더 중요하기 때문에 헌신한 사람들의 부르심에는 전혀 신경 쓰지 않는다. 그들의 부르심과 상관없이, 돌아가야 할 사역을 위해 먼저 사람을 갖다 쓴다. 그러나 이것은 섬김과 훈련이 아니라 학대이다.

그런데 이것은 요셉이 부르심의 자리로 나아가기 위해 통과했던 시간들과는 다르다. 요셉은 궁극적으로 총리의 자리에서 하나님의 섭리적 부르심을 감당하기 위해 노예의 세월과 감옥에 갇힌 시간들을 견디어냈다. 하나님의 사람들은 충성되기 위한 훈련을 받는다. 테스트의 시간을 통과한다. 그러나 이런 훈련 또는 이끄심의 여정이 아닌 일의 성취만이 목적인 자리는 옳지 않다. 부르심이 아닌 사람들에게 부르심과 상관없는 일들을 억지로 떠맡기거나 사역으로 괴롭혀서는 안 된다. 그가 부르심의 자리에, 혹은 그 과정의 자리에 있도록 해야 한다.

② 삶의 경계

삶의 우선순위가 무너지지 않기를 축원한다. 부르심의 자리에서 주님이 허락하신 훈련과 맡기신 사역을 감당하되 개인의 삶에서도 경계가 분명해야 한다. 재정의 사용, 시간의 사용, 가정과 직장에서 주님이 주신 관계 위에 우선순위를 분명히 설정하라. 삶의 경계가 무너지면 특별히 관계적 혼란이 생긴다. 좋은 관계 안에 틈이 벌어지고, 결국 멀어질 수 있다.

③ 몸의 경계

모든 성도에게는 부르심 받은 몸이 있다. 자신이 네트워커(networker)이거나 혹은 그와 같은 사명으로 여기저기에 연결되어 있을지라도, 내 가족과 뿌리가 되는 '몸'은 분명해야 한다. 몸이 없는 자들은 자신을 위한 열매는 볼지 몰라도 아버지께서 영광 받으시는 열매를 맺을 수 없다.

몸의 경계를 세울 때는, 십일조를 비롯한 드림의 문제를 분명히 해야 한다. 여러 몸을 섬기는 특별한 사명 때문에 삶마저 일부 나누어서 드려지더라도, 자신이 속한 몸을 구별하여 헌금과 헌신의 경계를 분명히 해야 한다. 이 경계가 세워지지 않으면 본의 아니게 거룩함을 잃게 된다. 하나님의 일을 했다고 하는데 결국 사람이 드러나게 되고, 주님의 계셔야 마땅한 자리에 나도 모르게 내가 서 있게 된다.

관계를 위한 속된 헌신, 관계 때문에 억지로 하는 헌신이 주께 드려야 할 시간을 빼앗아 간다. 열심히 드린 헌금이 사람의 일을 세우는 데로 흘러가거나, 때로 사기에 동참하게 되기도 한다. 착한 일을 많이 한 것 같은데 뒤돌아보면 나의 오랜 헌신은 흔적도 찾기 어렵다. 헌신하면서 망하는 자도 있고, 희생하고 손해 보는 것 같은데 승하는 자도 있다. 어떻게 되었든 주께 드린 것이라고 주장한다면 그 생각은 자기 최면이자 자기 위로이다. 하나님의 나라 안에서 뿌린 대로 거두는 축복을 경험하라.

3. 하나님의 은총

하나님의 사람들의 또 다른 특징은 '하나님의 은혜의 손길', '은혜의 역사'가 있다는 것이다. 느헤미야서 3장 2절부터 27절까지 하나님의 사람들이 동원되는 것을 보라. 스룹바벨 성전이 사람의 힘과 능이 아닌 여호와의 영으로 지어졌듯이, 하나님의 일은 주의 은총 가운데 이루어진다.

그가 내게 대답하여 이르되 여호와께서 스룹바벨에게 하신 말씀이 이러하니라 만군의 여호와께서 말씀하시되 이는 힘으로 되지 아니하며 능력으로 되지 아니하고 오직 나의 영으로 되느니라 슥 4:6

여호와의 영이 사람들을 감동시키자 한 곳도 빠짐없이 자원하는 자들이 일어났다. 동일한 시대, 동일한 사건을 학개서에서는 이렇게 전한다.

여호와께서 스알디엘의 아들 유다 총독 스룹바벨의 마음과 여호사 닥의 아들 대제사장 여호수아의 마음과 남은 모든 백성의 마음을 감 동시키시매 그들이 와서 만군의 여호와 그들의 하나님의 전 공사를 하였으니 학 1:14

여호와께서 사람들의 마음을 감동시키셔서 역사가 이루어졌다. 느헤미야서도 곳곳에서 이 비밀한 능력을 기록하고 있다. 왕의 지원 을 약속받은 느헤미야가 양문에서 양문까지 공사를 순조롭게 끝낸 것이 아니다. '여호와의 영으로 말미암아', '여호와께서 마음을 감동 시키시므로', '기대하게 하셔서' 역사가 이루어진다. '감동시키셨다, 흥분시키셨다'라는 말의 원어적 의미는 "바라보게 하다", "기대하게 하다"이다. 하나님께서 믿음을 주시면 비전이 생긴다. 잃어버렸던 비전도 다시 깨어난다.

다만 나의 비전이 인간적인 야망인지, 주님이 주시는 부르심인지 구별할 수 있어야 한다. 나의 야망이나 신념은 삶의 위기가 올 때 흔들리기 시작한다. 어려운 상황을 모면하기 위해 적당한 선에서 타협된다. 그러나 하나님께서 주시는 비전은 아무리 상황이 복잡해 도 기도의 자리에서 점점 선명해진다. 스스로 포기하려 하고 잊고 있다가도, 주님의 임재가 있는 자리에만 가면 다시 또렷하게 떠오 르고 드러난다. 이는 하나님께서 주신 소원일 확률이 높다.

마귀가 역사할 때는 불안함이 있다. 부정적인 생각들이 두 마음을 만든다. 그러나 하나님이 역사하시면 담대함이 오기 시작한다. 하나님이 주시는 마음은 두려워하는 마음이 아니다. 여호와의 은혜의 손이 우리를 붙들기를 기도한다.

하나님이 우리에게 주신 것은 두려워하는 마음이 아니요 오직 능력과 사랑과 절제하는 마음이니 딤후 1:7

위대한 역사가 이루어지는 최고의 요소는 하나님의 은총을 구하고 의지하는 것이다. 하나님의 은총, 도우심을 절대적으로 믿으라. 99퍼센트가 준비되었더라도 불완전한 우리의 1퍼센트의 한계 때문에 멈추어지는 일들이 허다하다. 우리가 들이는 노력이나 우리의 실력을 초월하는 하나님의 은혜와 은총이 필요하다. 위대한 역사는 주님의 은총을 받은 자들을 통해서 일어난다. 하나님께서 바라보게 하시는 것을 바라보고, 앞서 행하시는 여호와의 역사를 경험하기를 축복한다.

이렇게 기도하자!

1 성별을 위해 기도하자.

"하나님, 저에게 성별되지 않아서 어둠이 드나드는 열린 문들이 있다면, 이 기간에 빛을 비춰주사 드러나게 하시고 예수 그리스도의 보혈로 구별되게 해주옵소서. 나의 가정, 나의 비즈니스, 나의 관계, 나의 부르심이 주님의 것으로 돌아오며 성별되기를 원합니다."

2 부르심의 자리에 있도록 기도하자. 여호와께서 내게 주신 자리에 서야 한다. 다른 누군가의 자리가 아니라 주께서 나를 부르신 곳을 발견하고, 겸손하고 담대히 서도록 기도하자.

"하나님, 나의 부르심의 자리를 깨닫고 겸손히 서게 하여주옵소서."

3 무너진 경계를 다시 세우자. 무너진 경계 사이로 원수가 드나들며 가정이 고통당하고 부르심의 삶과 관계가 훼파되고 있다면, 원수가 넘볼 수 없도록 경계가 든든히 세워지기를 기도하자.

"하나님, 제 삶과 가정에 무너진 경계들이 있습니다. 아빠와 아들, 엄마와 딸, 남편과 아내, 형제와 자매 간에 하나님의 경계들을 세워주옵소서. 경계가 선명하지 않던 내 삶의 영역에 경계를 분명히 세워주옵소서. 하나님나라로 심고 하나님나라의 열매를 거두게 하옵소서. 내 안의 우유부단함, 거절감으로 인한 두려움 때문에 경계를 무너뜨렸던 영역들을 회복하여주옵소서."

PART 2

전방위
영적 전쟁
—
나의 투쟁

Be the house of God

어둠의 영적 실체를 인정하라

느헤미야서 4:1-23

하나님과 함께하는 영적 전쟁

느헤미야서 1-3장이 위대한 부르심의 시작과 준비, 위대한 역사를 이루는 자들의 특징과 조건을 말했다면, 4-7장은 그 위대한 소원과 부르심을 유산시키지 않고 출산하기 위해 펼치는 본격적인 투쟁에 대해 말한다.

위대한 비전을 받은 자는 많다. 그러나 그것을 성취하는 자는 적다. 왜냐하면 위대한 비전을 이루어가는 길에 원수의 방해가 있기 때문이다. 여호수아와 갈렙을 기억하라. 출애굽 한 백성은 200만이 넘었지만 모세를 포함해서 1세대는 모두 광야에서 죽었다. 가나안으로 들어가 부르심을 성취하는 자가 되기를 바란다. 그리스도인의 고난을 이상히 여기지 말라. 출산에는 반드시 산고가 따른다.

느헤미야서 4장 1-7절에서는 대적들과 벌이는 치열한 싸움이 시작된다. 그리스도인의 승리는 영적 전쟁에서의 승리이다. 4장은 본격적인 영적 전쟁의 원리들을 우리에게 보여준다.

우리의 대적이 우리가 그들의 의도를 눈치챘다 함을 들으니라 하나님이 그들의 꾀를 폐하셨으므로 우리가 다 성에 돌아와서 각각 일하였는데 그때로부터 내 수하 사람들의 절반은 일하고 절반은 갑옷을 입고 창과 방패와 활을 가졌고 민장은 유다 온 족속의 뒤에 있었으며 성을 건축하는 자와 짐을 나르는 자는 다 각각 한 손으로 일을 하며 한 손에는 병기를 잡았는데 건축하는 자는 각각 허리에 칼을 차고 건축하며 나팔 부는 자는 내 곁에 섰었느니라 내가 귀족들과 민장들과 남은 백성에게 이르기를 이 공사는 크고 넓으므로 우리가 성에서 떨어져 거리가 먼즉 너희는 어디서든지 나팔 소리를 듣거든 그리로 모여서 우리에게로 나아오라 우리 하나님이 우리를 위하여 싸우시리라 하였느니라 느 4:15-20

"우리 하나님이 우리를 위하여 싸우시리라!" 하나님이, 우리를 통하여 싸우신다. 영적 전쟁에 나서는 모든 성도는 우리를 통해 하나님께서 싸우신다는 것을 기억해야 한다. 우리 주님은 마귀가 감히 상대할 수 있는 대상이 아니시다. 하늘의 우리 아버지는 만물을 창조하시고 우주를 경영하시는 주관자가 되신다. 마귀는 그분과 겨룰 수 있는 가능성조차 없다. 하나님은 교회를 통해 싸우신다. 그렇기 때문에 교회가 전쟁하지 않으면 하나님의 나라는 멈추게 된다. 하나님의 백성들이 어둠의 나라와 싸우지 않을 때 주님의 나라가 움직이지 않는다.

여러 나라 가운데에서 더럽혀진 이름 곧 너희가 그들 가운데에서 더럽힌 나의 큰 이름을 내가 거룩하게 할지라 내가 그들의 눈 앞에서 너희로 말미암아 나의 거룩함을 나타내리니 내가 여호와인 줄을 여러 나라 사람이 알리라 주 여호와의 말씀이니라 내가 너희를 여러 나라 가운데에서 인도하여 내고 여러 민족 가운데에서 모아 데리고 고국 땅에 들어가서 맑은 물을 너희에게 뿌려서 너희로 정결하게 하되 곧 너희 모든 더러운 것에서와 모든 우상숭배에서 너희를 정결하게 할 것이며 또 새 영을 너희 속에 두고 새 마음을 너희에게 주되 너희 육신에서 굳은 마음을 제거하고 부드러운 마음을 줄 것이며 또 내 영을 너희 속에 두어 너희로 내 율례를 행하게 하리니 너희가 내 규례를 지켜 행할지라 내가 너희 조상들에게 준 땅에서 너희가 거주하면서 내 백성이 되고 나는 너희 하나님이 되리라 겔 36:23-28

이스라엘의 부흥을 약속하는 에스겔서 36장 말씀이다. 하나님은 이스라엘의 굳은 마음이 제하여지고 새 영으로 율례와 규례를 지키게 되는 회복을 굳게 약속하신다. 그러나 이 놀라운 예언의 끝에 다음과 같은 기도의 당부가 있다.

주 여호와께서 이같이 말씀하셨느니라 그래도 이스라엘 족속이 이같이 자기들에게 이루어주기를 내게 구하여야 할지라 겔 36:37

주님은 자신의 말씀이 이루어지도록 이스라엘이 기도할 것을 요청하셨다. 이사야서 61장과 62장을 보자. 주님은 오래도록 황폐하였던 곳을 다시 쌓으며, 옛부터 무너져 있던 곳도 다시 일으키며, 대대로 무너져 있던 것들이 중수될 것을 말씀하신다. 왕들이 이스라엘의 영광을 볼 것이며, 버림받은 자에서 헵시바와 쁄라로 불리리라 선포하신다. 그러나 이 찬란한 약속 뒤에 주님은 또 이렇게 말씀하신다.

너희 여호와로 기억하시게 하는 자들아 너희는 쉬지 말며 또 여호와께서 예루살렘을 세워 세상에서 찬송을 받게 하시기까지 그로 쉬지 못하시게 하라 사 62:6,7

전능하신 하나님이 자신의 약속을 잊으셨는가? 아니다. 하나님은 그리스도의 몸 된 교회와 이 모든 일을 함께하기 원하신다. 모든 영적 전쟁의 대전제는 "여호와가 우리와 함께 싸우신다"라는 것이다. 원수들이 우리를 공격할 때 먼저 여호와를 선포하라! 하나님은 우리를 통해 그와 싸우신다.

영적 전쟁의 상대, 마귀

주님의 소원을 품고 주님을 위한 발걸음을 뗀 자들을 통해서 하나님의 역사가 시작된다. 느헤미야서 4장은 주님의 나라가 드러나기 시작하자 그에 저항하며 충돌하는 원수들과의 치열한 전투를 보여준다. 1-3절의 말씀으로 우리가 알 수 있는 영적 전쟁의 원리는 적을 알아야 한다는 것이다. 우리의 대적 마귀는 어떤 존재인가? 마귀는 모든 그리스도인을 미워하며 하나님의 백성들을 향해 분노하고 있다.

산발랏이 우리가 성을 건축한다 함을 듣고 크게 분노하여 유다 사람들을 비웃으며 느 4:1

산발랏은 느헤미야와 이스라엘이 성을 건축함을 듣고 크게 분노한다. 요한계시록 12장의 용을 보라. 교회와 이스라엘을 상징하는 '여자'를 향해 분을 참지 못한다. 요한복음 10장 10절은 마귀를 도둑에 비유하며, 마귀의 일이 도둑질하고 죽이고 멸망시키려는 것뿐이라고 한다. 마귀는 하나님의 아들들의 자리와 권세와 능력을 빼앗고 싶어 한다. 강도처럼 주위를 서성이며 넘어뜨리고 강제로 빼앗으려고 한다.

우리는 깨어 있어야 한다. 깨어 있다는 말의 원어에는 누군가 나를 조준하고 있음을 인식한다는 의미가 있다. 대적이 우리를 엿보고 있는 것처럼 우리도 대적의 움직임을 인지해야 한다. 그들이 덤벼들어도 피할 수 있는 상태로 준비하고 있어야 한다. 구체적으로 하나님, 나 그리고 마귀 이 셋을 항상 인식하는 것이다. 우리는 평상시에 하나님을 향해, 그리고 나 자신에 대해, 마지막으로 마귀에 대해 인지하고 있어야 한다. 그러나 치열한 전투에서는 그 순서가 바뀐다. 하나님을 향해, 그다음으로 마귀에 대해, 그리고 나에 대해 깨어 있어야 한다.

항상 첫째는 '위에 계신 하나님'이다. 모든 상황 속에서 하나님의 행하심과 그분이 무엇을 말씀하시는지 인지할 수 있어야 한다. 주님의 뜻이 무엇이며 주께서 어디로 움직이시는지 볼 수 있기를 축복한다. 다음으로 '마귀'와 '나 자신'에 대해 인식하고 있어야 한다. 본문 1-3절에서 알 수 있듯이, 마귀는 우리를 미워하고 우리의 삶을 질투하며 어떻게든 우리의 길을 막으려고 한다. 그러나 우리가 마귀를 두려워할 필요는 조금도 없다. 다만 마귀의 존재적 특성을 분명히 알고 그 움직임에 깨어 있어야 한다. 자신을 점검하는 것도 중요하다. '나 자신'의 연약함 때문에 어둠에 문이 열리고 있지 않은지 살펴보아야 한다.

우리의 원수, 마귀에 대해 알기를 바란다. 마귀는 교만하고 하나님의 뜻을 대적하며 거짓의 아비로 끊임없이 성도들을 속이려 든다. 또한 그 이름 중 하나처럼 우리를 참소한다. 사실, 영적 전쟁이 치열할 때 마음 가운데 가장 많이 쏟아지는 공격이 바로 참소이다. 본문의 산발랏은 크게 화를 내며 동시에 유다 사람들을 비웃었다.

자기 형제들과 사마리아 군대 앞에서 일러 말하되 이 미약한 유다 사람들이 하는 일이 무엇인가, 스스로 견고하게 하려는가, 제사를 드리려는가, 하루에 일을 마치려는가 불탄 돌을 흙무더기에서 다시 일으키려는가 하고 암몬 사람 도비야는 곁에 있다가 이르되 그들이 건축하는 돌 성벽은 여우가 올라가도 곧 무너지리라 하더라 느 4:2,3

이런 참소의 소리가 강해지면 나도 모르게 우울해지면서 주눅이 든다. 용기가 사라지고 나의 연약함에 낙심하여 포기하고 싶어지고, 이는 결국 패배로 이어진다. 내 속에서 나와 나의 오늘을 깎아내리며 낙담케 하는 소리가 들릴 때, 그것이 마귀의 짓임을 깨달아야 한다. 원수가 참소할 때 그 생각에 사로잡히지 말고 내 심령에 외쳐라. "예수의 이름으로 명하노니, 내 생각 속에서 떠나갈지어다!" 참소의 소리가 멈출 때까지 선포하며 기도로 원수의 독화살을 뽑아내야 한다. 독이 퍼지면 용사의 걸음이 멈추어진다. 마음에 울리는 대적의 소리를 잠잠케 하고 전진하라.

아버지 하나님은 참소하지 않으신다. 때로는 회초리로 때려서라도 잘못된 길에 들어선 우리를 돌이키시지만, 그 중심에는 언제나 사랑이 있다. 하나님은 우리의 연약함을 비웃지 않으시고, 정죄와 참소로 우리의 마음을 꺾지 않으신다. 넘어진 자들을 일으켜 세우시는 하나님의 마음 안에 거하기를 축복한다. 위대한 일을 이루는 사람들에게는 믿음 안에 있는 용기와 담대함이 반드시 필요하다.

그리스도인의 삶 자체가 치열한 영적 전쟁이다. 이 땅에 존재하는 것만으로 우리는 전쟁 중이다. 우리의 영적 싸움은 입체적으로 진행되고 있다. 이 싸움이 보이는 영역과 보이지 않는 영역에서 동시에 진행되고 있음을 인식하라. 아래 표는 그런 상황을 가시적으로 표현한 것이다.

전방위적 영적 전쟁

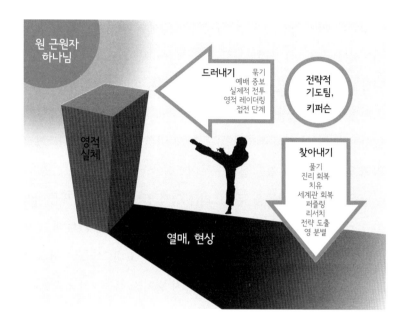

1. 원 근원자 하나님

그림을 보면 '원 근원자 하나님'이 태양으로 그려져 있다. 온갖 좋은 은사와 온전한 선물이 다 위로부터 오는데, 그 빛들의 아버지가 하나님이시다(약 1:17). 하나님은 우리의 인생과 가문에, 이 도시 가운데 하늘의 빛, 하늘의 뜻을 내리고 싶어 하신다.

2. 영적 실체

그런데 어떤 땅들은 빛을 차단하는 장애물 때문에 그림자가 지기도 한다. 그늘이 드리워져 빛을 받지 못하면 온도가 떨어질 뿐 아니라 습해서 좋은 열매가 잘 맺히지 않는다. 이처럼 우리 안에는 하늘의 뜻이 우리 가운데 이루어지지 못하도록 막는 '영적인 실체들'이 있다. 하나님의 빛이 우리의 삶을 밝게 비추기 위해서는 빛을 가로막고 있는 건물, 즉 영적 실체를 무너뜨려야 한다.

바울은 이런 실체들을 무너뜨리는 영적 전쟁을 가리켜 '씨름'이라고 표현했다. 영어 성경에서 '레슬링', 일본어 성경에서 '격투'라고 표현된 이 단어의 헬라어는 '팔레'이다. '팔레'는 고대 그리스에서 노예나 용사, 둘 중 한 사람이 죽을 때까지 벌이는 격투에서 유래했다. 에베소서 6장 12절은 우리의 씨름이 혈과 육을 상대하는 것이 아니라 정사, 권세, 주관자, 악의 영들에 대함이라고 말한다. 우리가 '팔레' 할 때, 빛을 가로막던 영적 실체가 무너지고 어둠의 영들이 항복하고 떠나간다. 하나님의 빛이 모든 곳에 임하는 것이다. 우리 모두 영적 전쟁에서 이기기를 바란다.

3. 전략적 기도팀

그림 속에 '전략적 기도팀'이라고 표시된 부분이 있다. 또 다른 말로 '키퍼슨'(key person, 조직이나 기관의 중요 인물)이라고 부르기도 한다. 하나님께서 "너는 너희 집의 키퍼슨이다"라고 말씀해주시는 사람들이 있다. 그는 자신의 가문을 위해 씨름하고 어둠을 내쫓아 승리해야 할 사명이 있는 자이다. 우리 집안에도 그렇게 가문을 위해 씨름한 사람이 있었다. 그는 가족 중에 가장 먼저 예수님을 영접하고 나서 키퍼슨의 자리에서 어둠의 영들과 희생적으로 싸워왔다. 그 기도의 씨름 덕분에 나도 예수님을 만났고 다른 가족 모두 주께 돌아왔다.

4. 드러내기

두 가지 화살표에 '드러내기'와 '찾아내기'라고 표시되어 있다.

'드러내기'란 숨어 있던 어둠의 영을 기도와 예배로 드러나게 하는 것이다. 어둠의 영들은 자신의 실체를 감추고 환경과 상황으로 우리를 속이려고 든다. 우리는 먼저 악한 영의 역사를 인지해야 한다. 그래야 그들의 움직임과 거짓들을 우리의 삶에서 분리하고 어둠의 영향력을 쉽게 끊어낼 수 있다. 어둠의 영들은 계속해서 우리에게 거짓말하며, 심지어 어떤 때는 마치 성령님의 역사인 듯 그 실체를 속이려고 한다. 우리는 뒤로 숨어서 움직이는 원수의 공작들을 볼 수 있어야 한다. 우리 눈에 보이지 않을지라도, 이 그림의 건물과 같이 영의 세계에서 움직이는 실체가 분명히 존재한다.

이처럼 보이지 않는 영적 존재들을 실제로 드러내는 작업이 바로 우리의 기도와 예배이다. 기도와 예배는 인내와 성실의 씨름이다. 많은 사람이 이 씨름을 하지만 변화가 시작되는 시점을 앞두고 사탄의 미혹에 넘어져 기도를 중단하거나 예배의 목적을 잊는다. 마지막 순간까지 조금만 더 인내하면 어둠의 동아줄이 정리되고 하늘의 경건의 동아줄이 내려올 텐데, 그것을 앞두고 격렬한 공격과 미혹이 있다.

어둠의 영들이 드러날 때까지 키퍼슨들이 인내와 믿음으로 기도하며 예배해야 한다. 주님이 이끄시는 자리에 있으면 때가 찰 때 실체들이 드러난다. 무엇보다 씨름하는 것이 중요하다. 감나무 밑에서 감이 떨어지기를 바라며 입만 벌리고 기다리는 것은 영적 싸움이 아니다. 주님은 우리에게 "내가 이미 승리했으니 너희도 가서 싸우라!"고 말씀하신다. 하나님께서 이스라엘 민족을 가나안으로 이끌고 들어가실 때, 그들이 전쟁을 피하지 않고 싸워서 부르심을 취하도록 하셨다. 우리가 영적 전쟁을 할 때 하나님께서 함께하신다. 주님과 동행하여 싸울 때 하늘과 땅이 연결되는 영광을 볼 것이다. 부르심은 이렇게 이루어져 간다. 끝까지 싸우라.

5. 찾아내기

영적 실체가 빛을 가로막을 때 그림자가 드리워진다. 다시 말하면, 실제적인 어둠의 현상과 열매들이 있다는 것이다. '찾아내기'는 이를 발견하는 과정이다. 거짓을 드러내고 어둠의 매임에서 자유하게 하는 시간이기에 '진리와 치유'라고 말하기도 한다. 이때 우리는 말씀으로 진리를 확인한다. 그리고 반대 정신으로 어둠의 일들을 거절하며 진리를 내 삶에 선포한다.

영적 전쟁에 임하는 우리의 기본자세

구약의 역사는 신약의 그림자이다. 느헤미야서는 산발랏과 도비야 일당을 계속해서 '대적' 혹은 '원수'라고 표현하는데, 이는 그들이 "마귀 혹은 마귀의 일을 행하는 자"임을 뜻한다. 본문의 느헤미야의 태도에 주목하자. 느헤미야는 우리가 어떻게 영적 전쟁에 임해야 하는지를 보여준다.

1. 하나님을 선포하라

원수들이 달려드는 상황에서 우리가 취할 첫 번째 태도는 하나님을 선포하는 것이다.

내가 돌아본 후에 일어나서 귀족들과 민장들과 남은 백성에게 말하

기를 너희는 그들을 두려워하지 말고 지극히 크시고 두려우신 주를 기억하고… 느 4:14

느헤미야는 대적들이 일어난다는 첩보가 들려올 때마다 이스라엘을 향해서 그들을 두려워하지 말고 크신 주를 기억하라고 말한다. 그런데 이것은 말처럼 쉬운 상황이 결코 아니었다. 환난 중에 능욕을 당하고 있던 이스라엘은 경제력은 물론이고 군사력을 비롯한 모든 면에서 이미 쇠약해진 상태였다. 대적들의 공격으로 도륙을 당하리라 생각만 해도 기세가 꺾이고 두려움이 엄습했을 것이다.

그러나 느헤미야는 하나님을 선포함으로 두려움을 내어 쫓는다. 경배와 경배의 선포는 가장 강력한 대적 무기이며 전쟁 선포이다. 악한 날이 다가왔을 때, 우리는 하나님을 바라보며 주를 선포해야 한다. 심령 속에 계속해서 외쳐라. "하나님은 하나님이시다!" 두려움을 일으키는 대적의 소문들을 향해 느헤미야가 보인 가장 강력한 태도는 하나님을 선포하는 것이었다.

2. 정면 승부하라

두 번째로 우리는 정면 승부해야 한다. 느헤미야는 이스라엘을 무장시키고 군대를 배치하여 싸울 것을 명하였다.

… 너희는 그들을 두려워하지 말고 지극히 크시고 두려우신 주를 기억하고 너희 형제와 자녀와 아내와 집을 위하여 싸우라 하였느니라

느 4:14

적들의 움직임을 알게 되었을 때 피할 생각부터 해서는 안 된다. 머리 굴리며 계산하느라 군복 입고 무기 챙길 시간을 빼앗기지 말고 즉시 싸움을 선포하고 일어서라. 느헤미야는 그가 처한 상황이 어떠하든 물러서지 않기로 결정했다. 백성들을 용사와 같이 일깨우며 창을 잡고 정면으로 돌파했다.

우리의 싸움은 혈과 육에 대한 것이 아니다. 에베소서 5장은 부부간의 갈등, 부모와 자녀 간의 갈등, 직장에서의 갈등에 대해 말하다가 6장 12절에 이르러 이 모든 것이 영적 싸움임을 말한다. 예수 믿는다고 핍박하는 가족들이 이 싸움의 대상이 아니다. 우리의 믿음을 조소하는 직장 상사가 싸움의 대상이 아니다. 그들을 움직이는 영이 있다. 어둠의 움직임을 인지했다면 정면 승부하기를 바란다. 기도의 무릎을 꿇고 모든 전쟁의 주관자가 되시는 하나님을 바라보라. 원수를 두려워하지 말고, 주께서 이미 이루신 승리를 기억함으로 담대하라. 마태복음 10장 16절에 뱀의 지혜와 비둘기의 순결이 되시는 성령의 능력을 구하며 기도와 금식, 말씀과 예배로 선포하며 전진하라.

1) 방언기도

정면 승부의 자세로 영적 전쟁에 나서는 방법에는 무시로 하는 방언기도가 있다. 방언으로 기도할 때 우리는 우리의 요량이나 짐작을 넘어 신령한 세계를 바라보며 주님의 승리를 선포할 수 있다. 육신은 그 한계 때문에 어리석고 미련한 것에 이끌리곤 한다. 육의 끌림을 따라가다보면 지금 내가 가는 길이 살 길인지, 죽을 길인지 분별하지 못할 때가 많다. 그래서 성령이 방언으로 기도하게 하신다. 시공을 초월하는 영이 방언으로 과거와 현재뿐 아니라 미래도 기도하게 한다. 이것이 항상 성령 안에서 기도하는 것이다.

모든 기도와 간구를 하되 항상 성령 안에서 기도하고 이를 위하여 깨어 구하기를 항상 힘쓰며 여러 성도를 위하여 구하라 엡 6:18

이와 같이 성령도 우리의 연약함을 도우시나니 우리는 마땅히 기도할 바를 알지 못하나 오직 성령이 말할 수 없는 탄식으로 우리를 위하여 친히 간구하시느니라 롬 8:26

간혹 방언을 받은 지 얼마 되지 않은 사람들의 독특한 기도 소리 때문에 방언을 오해하는 사람들이 있다. 그들의 기도는 마치 우물을 팔 때 처음 흘러나오는 흙탕물과 같다. 땅에서 막 터져 나온 물에는 온통 흙과 모래가 뒤섞여 있다. 그러나 시간이 흐를수록 맑은

샘물이 우물을 채우게 된다. 초기 방언이 둔탁하게 들리는 이유가 이와 비슷하다. 빛이 임하고 어둠이 밀려나가는 과정에서, 일그러지고 묶여 있던 영적 상태가 방언에 묻어나는 것이다. 이 기도는 대부분 회개나 치유에 대한 내용을 담고 있다. 경우에 따라서 방언기도가 축사로 이어지기도 한다. 방언기도는 우리를 깨끗하게 한다. 내면 깊이 박힌 파편 같은 죄와 상처와 억압들이 방언으로 기도할 때 씻기어 빠져나간다.

방언으로 많이 기도하라. 시간이 지날수록 방언기도는 성숙해진다. 깊어진 방언은 예언적 기도와 경배의 기도로 이어진다. 방언기도의 자리에서 우리는 앞일을 바라보며 기도하게 된다. 영적 전쟁할 문제나 대상과 싸우기도 하고, 깊은 하늘의 세계로 들어가기도 한다. 더 높은 차원으로 올라간 방언기도는 시편과 같은 경배의 기도를 선포한다. 방언기도의 자리에서 하늘의 경배가 열리기를 바란다. 시와 찬미와 신령한 노래들로 드리는 기도는 특별한 경험이다.

2) 구체적인 대적기도

우리는 구체적으로 대적기도를 해야 한다. 우리가 하나님께 행할 바는 순종이다. 마귀에 대해서는 대적해야 한다.

그런즉 너희는 하나님께 복종할지어다 마귀를 대적하라 그리하면 너희를 피하리라 약 4:7

특별히 믿음의 선포가 중요하다. 예수님은 귀신을 쫓을 때 명령하셨다. 주께서 행하셨듯이, 우리도 원수의 일들을 멈추기 위해 대적하며 선포해야 한다. "사탄아, 내가 예수 그리스도의 이름으로 명하니 나의 영적 범주에서 활동을 멈추어라!"

또 우리 형제들이 어린 양의 피와 자기들이 증언하는 말씀으로써 그를 이겼으니 그들은 죽기까지 자기들의 생명을 아끼지 아니하였도다
계 12:11

우리가 선포하면 영적 세계가 움직인다. 주님은 그분의 이름으로 우리가 승리를 경험하기 원하신다. 믿음으로, 구체적으로 대적하라. 진리를 주장하라. 눈에 보이는 상황이나 느껴지는 현상이 아니라 말씀을 주장해야 한다. 우리가 믿음으로 말씀을 취하여 선포할 때 진리는 어둠을 베는 검이 된다.

3) 깨어 있음

한 개인의 삶, 가문 혹은 영역에 어둠의 고지가 무너지고 하나님의 나라가 서려고 할 때 대적들은 발악하며 저항한다. 그러나 두려워하지 말라. 거센 저항이 있다는 것은 주께서 일하고 계신다는 반증이다.

느헤미야서 4장의 키워드는 모든 이가 군대로 서는 것이다. 전쟁

의 날, 모두 함께 일어날 때 우리는 더욱 영으로 깨어 있어야 한다. 이는 이성적 판단이 아닌 영적 지혜로 상황을 마주하고 움직여야 한다는 것을 의미한다. 기도로 시작된 모든 일은 영의 이끌림이 없이 풀어갈 수 없다. 이전의 경험과 통계와 이론에 근거한 모든 판단이 십자가에 못 박히길 구하라. 지정의(지식, 감정, 의지)가 아니라 영으로 상황을 바라볼 수 있어야 한다. 성령의 지혜와 의지가 내 안에 학습되고 경험한 모든 것을 도구로 사용하게 하라. 성령께서 붙잡으시면 그것은 탁월한 무기가 된다.

3. 틈을 주지 말라

4장 21-23절의 말씀과 같이 전쟁의 시즌이 시작되고 대적의 움직임을 인식했다면 틈을 주지 않도록 파수해야 한다.

분을 내어도 죄를 짓지 말며 해가 지도록 분을 품지 말고 마귀에게 틈을 주지 말라 엡 4:26,27

바울은 우리를 대적하는 원수들에게 틈을 주지 말라고 당부한다. 분을 낼 수 있다. 그러나 그것이 원수가 우리를 공격할 수 있게 하는 틈이 되지 않도록 해야 한다. 느헤미야는 무리의 절반이 동틀 때부터 별이 보일 때까지 창을 잡도록 했다. 이스라엘은 갑옷도 벗지 않고, 물을 길으러 갈 때도 각각 병기를 잡았다. 마귀가 대단한 존재여서가 아니다. 다만 대적이 움직이는 것을 예의 주시하면서 틈탈 기회를 아예 주지 않아야 하기 때문이다.

원수가 움직일 때 하나님을 선포하라. 어떤 상황이 벌어져도 하나님은 크시다. 또한 두려워하거나 인간적인 방법으로 모면하려 하지 말고 정면으로 승부하라. 여호와를 바라보며 원수의 움직임을 주시하여 전쟁이 날 '틈'을 열어주지 말라.

파수꾼의 영성

1. 민첩함

파수꾼은 눈이 밝고 귀가 예민하며 민첩해야 한다. 나팔소리가 들릴 때, 또 나팔을 불어야 하는 순간에도 재빨리 움직일 수 있는 민첩함을 지녀야 한다. 어떤 사람들은 민첩하지 못한 자신의 모습과 태도에 대해 기질적으로 둔하다고 변명한다. 그러나 개인의 성향과 기질은 영적 민첩함과는 관계가 없다. 성향과 기질이 어떠하든지 영은 깨어 있어야 한다. 나의 영에게 아침마다 명령하자.

"내 영아, 깰지어다. 내 영아, 여호와를 앙망할지어다."

입을 열어 선포하면 영이 자극을 받는다.

2. 충성됨

　파수꾼의 영성은 또한 '충성됨'을 말한다. 고지를 빼앗기 위해 적이 다가오는데 파수꾼이 알아채지 못하면 어떻게 되겠는가? 준비할 시간조차 없이 시작된 전쟁에서 패배는 불을 보듯이 뻔한 것이다. 그래서 원수들도 파수꾼을 먼저 공격의 대상으로 삼곤 한다. 그들이 쓰러지면 싸움의 시작을 알릴 자가 없기 때문이다. 이것이 파수꾼의 충성됨이 중요한 이유이다. 지루하게 느껴지는 모든 순간에도 파수꾼은 충성스럽게 그 자리를 사수해야 한다.

모세와 여호수아의 자리

　느헤미야서 4장 15절 이후, 이스라엘은 언제든 싸울 수 있는 태세를 갖춘다. 절반은 작업복을, 절반은 갑옷을 입었다. 한 손에는 연장이, 한 손에는 무기가 들려 있다. 하나인 듯하지만 둘이며, 둘인 듯하지만 하나로 만나는 자리이다. 육의 떡의 자리와 말씀의 자리이다. 육신이 행하는 자리가 있고, 영이 막아서는 자리가 있다. 여호수아의 자리와 모세의 자리가 이 두 자리를 상징한다.

　그 때에 아말렉이 와서 이스라엘과 르비딤에서 싸우니라 모세가 여호수아에게 이르되 우리를 위하여 사람들을 택하여 나가서 아말렉과 싸우라 내일 내가 하나님의 지팡이를 손에 잡고 산 꼭대기에 서리라 여호수아가 모세의 말대로 행하여 아말렉과 싸우고 모세와 아론과 훌은 산 꼭대기에 올라가서 모세가 손을 들면 이스라엘이 이기고 손을 내리면 아말렉이 이기더니 모세의 팔이 피곤하매 그들이 돌을 가져다가 모세의 아래에 놓아 그가 그 위에 앉게 하고 아론과 훌이 한 사람은 이쪽에서, 한 사람은 저쪽에서 모세의 손을 붙들어 올렸더니 그 손이 해가 지도록 내려오지 아니한지라 여호수아가 칼날로 아말렉과 그 백성을 쳐서 무찌르니라 여호와께서 모세에게 이르시되 이것을 책에 기록하여 기념하게 하고 여호수아의 귀에 외워 들리라 내가 아말렉을 없이하여 천하에서 기억도 못 하게 하리라 모세가 제단을 쌓고 그 이름을 여호와 닛시라 하고 이르되 여호와께서 맹세하시기를 여호와가 아말렉과 더불어 대대로 싸우리라 하셨다 하였더라

출 17:8-16

이스라엘이 아말렉과 싸울 때, 모세가 손을 들면 이스라엘이 이기고 손을 내리면 아말렉이 이겼다. 이 말씀의 핵심은 12-14절에 있다. 훌과 아론은 모세의 팔이 내려오지 않게 붙잡는다. 모세의 손은 해가 지도록 내려오지 않았고, 이스라엘은 전쟁에서 승리한다. 그러나 모세만이 이 승리의 주인공이 아니다. 13절은 여호수아가 칼로 아말렉을 무찔렀다고 하며 이 전쟁에서 모세와 여호수아가 행

한 바를 모두 보여준다. 주님은 이 일을 책에 기록하여 기념하게 할 뿐 아니라, 여호수아의 귀에 외워 들리게 하라고 말씀하셨다. 성도의 영적 전쟁에서 그 싸움의 승패는 '모세의 자리'와 '여호수아의 자리' 모두에 달려 있다.

1. 모세의 자리

모세의 자리는 첫째, '영적인 자리'이다. 우리는 하나님을 주목하고 그분과 깊은 교제를 나누기 위해 모세의 자리로 나아가야 한다. 그곳에서 주님을 예배하고, 기다리고, 기도한다. 가파른 산꼭대기에 올라, 우리의 영이 잠들지 않도록 매 순간 깨우는 것이다. 모세의 자리는 끊임없이 하나님께 기도하고 예배하는 성전의 자리와도 같다. 그곳에서 주님을 만나고 주님과 친밀해지는 것이 곧 우리의 무기가 된다.

둘째, 모세의 자리는 사도적, 선지자적 자리로 '선포하는 자리'를 뜻한다. 우리의 전쟁은 혈과 육의 싸움이 아니기에 영적 씨름이 필요하다는 것을 항상 기억하라. 우리는 대적의 공격을 향해 "사탄아, 너의 일을 멈춰라! 잠잠하라!" 명하고 선포해야 한다. 하나님은 말씀으로 세상을 만드셨다. 따라서 하나님의 형상으로 지어진 우리에게는 선포의 능력이 있다. 하나님의 아들들이 믿음으로 외칠 때 역사가 바뀐다. 영의 자리에서 선포하라.

셋째, 모세의 자리는 지혜와 계시의 자리이다. 이는 '예언적 자리'를 뜻한다. 산꼭대기는 영적인 고지(高地)를 의미한다. 고지로 올라가면 아군과 적군의 전열이 보인다. 군대들이 어디로 움직이며 어떻게 싸우는지 볼 수 있다. 영의 세계도 마찬가지이다. 영적 고지로 올라가면 큰 그림이 보인다. 어떤 세계가 어떤 움직임을 보이는지 알 수 있다.

기억하라. 영적 고지로 올라갈수록 더 넓고 깊은 영의 세계가 열리면서 그 차원의 영적 실체와 만나게 된다. 그래서 우리는 고지에 올라갈 준비를 해야 한다. 기도의 자리에서 영적 실체들과 맞닥뜨릴 때 싸워보아야 한다. 예수의 이름으로 꾸짖고 대적하면서 어둠의 영들이 마침내 떠나갈 때까지 씨름하라. 그럴 때 우리의 영에 근력이 붙는다. 우리는 이런 자들을 '전략적 중보자'라고 부른다.

2. 여호수아의 자리

여호수아의 자리는 실제적으로 전투하는 자리, 삶의 현장을 의미한다. 느헤미야서에 빗대보자면 모세의 자리가 '무기'라면, 여호수아의 자리는 '연장과 도구'에 해당된다.

주님은 여호수아의 자리에서 우리를 훈련하신다. 당신의 종이 세상에 선한 영향을 끼치도록 우리에게 권위를 주기 원하신다. 우리는 성실하게 여호수아의 자리에서 훈련받아야 한다. 여호수아의 자리는 전문성을 키우는 자리이다. 군사들이 칼을 갈 듯, 주어진 연장들을 잘 준비해놓으라. 싸움에 능한 용사처럼 능숙하게 일터의 업무들을 행할 수 있어야 한다. 싸움을 많이 경험한 자들이 여호수아와 같은 장군이 된다. 부지런하라. 내 손에 들린 도구들을 익히고 능수능란하게 사용할 수 있도록 연습하라.

여호수아의 자리는 그래서 충성과 인내와 믿음의 자리이다. 현장에서 승리하기 위해서 때로는 믿음으로 견디는 시간이 요구된다. 기도의 자리에서 영적 싸움을 하며 여호수아의 자리에서 인내해야 한다. 여호수아는 칼과 칼이 부딪치는 치열한 싸움을 해가 지도록 멈추지 않았다. 견디는 믿음이 있기를 바란다.

우리가 선 각 영역에서 이기는 방법은 '산 제물'이 되는 것이다. 우리는 주님을 왕으로 모신 자들이다. 먹거나 마시거나 자거나 무엇을 하든지 모든 것이 주님을 위한 예배가 되어야 한다. 산 제물이 되어 세상에 서라. 주께서 받으시는 예배의 자리 위에 그의 나라가 임한다.

본문에서 느헤미야는 영으로 싸우는 자리와 삶의 현장이 하나라는 영적 원리를 보여주었다. 영적 전쟁은 '그리스도인의 총체적 삶'이라는 개념 안에서 이해되어야 한다. 우리가 있는 모든 자리가 전쟁터임을 선포해야 한다. 그리스도인의 삶의 자리는 무기를 든 자리인 동시에 연장을 든 자리임을 잊지 말라. 호미와 곡괭이 같은 연장으로 작업을 하다가도, 여차하면 칼을 빼서 싸울 준비가 되어 있어야 한다. 땅을 파다가도 나팔소리가 들리면 뛰쳐나갈 수 있는 용사가 되기 바란다. 우리가 있는 자리는 모세의 자리이자 동시에 여호수아의 자리이다. 뱀같이 지혜롭고 비둘기같이 순결하여 세상에서 승리를 경험하라.

모세의 자리 (산)	여호수아의 자리 (현장)
비둘기	뱀
거룩	지혜, 냉철함
느헤미야서 4장의 무기	느헤미야서 4장의 연장
영적인 자리 (성전) ① 예배와 기도의 자리 – 친밀감 (약 4:6-8) ② 사도적, 선지적 자리 – 선포 ③ 지혜와 계시의 자리 – 예언 ④ 영적인 씨름의 자리 (엡 6:12) ⑤ 전략적 중보팀 (행 13:1-3)	삶의 자리, 사회적 자리 (땅, 성산) ① 산 제물, 산 제사 (롬 12:1,2) ② 권위와 영향력 ③ 전문성 (준비됨, 훈련됨) ④ 충성과 인내와 믿음 (약 1:2,3) ⑤ 믿음의 공동체, 동지들 (전 4:12 ; 단 1:7,17)
영성	영향력
능력	권세
영성(계시성)	전문성(준비됨)

이렇게 기도하자!

1 내 안의 참소와 낙담을 끊자. 나를 슬프고 두렵게 만드는 소리를 대적하며 하나님을 선포하자.

"나사렛 예수의 이름으로 선포한다. 내 심령에 원수가 가시처럼, 독화살처럼 박아놓은 참소와 낙담과 두려움들은 뽑혀나갈지어다! 용사로 서지 못하게 하는 모든 거짓말과 조소는 떠나갈지어다! 성령님, 느헤미야와 같이 담대하지 못하게 하는 모든 영향력을 불로 소멸해주옵소서."

2 뱀 같은 지혜와 비둘기 같은 순결함이 임하기를 구하자. 모세의 자리에서도, 여호수아의 자리에서도 승리하기 위해 기도하자.

"성령의 충만함으로 지혜와 거룩 안에 거하게 하옵소서. 세상을 감당할 성결함의 능력과 세상을 이기는 지혜가 임하게 하옵소서."

3 영적 근력이 생기도록 기도하자. 대적들이 다가오며 어둠의 실체가 드러날 때 두려워하거나 뒤로 물러나지 않고 싸워 이기도록 기도의 영이 부어지기를 구하자.

"주님, 제가 영적 고지를 향해 오르는 자가 되게 하옵소서. 전쟁의 상황을 내려다보는 자리, 하나님나라와 어둠의 나라의 움직임을 아는 자리로 이끌어주소서. 고지에서 움직이는 어둠의 영들과 만나도, 싸워서 승리할 수 있는 힘과 능력을 주옵소서."

내 안에도 적이 있다

느헤미야서 5:1-19

내적인 적, 트로이의 목마

5장에서 느헤미야는 산발랏과 도비야 같은 외부의 적이 아니라 내적인 적과의 싸움을 시작한다. 이것은 영적 전쟁의 또 다른 측면이다. 사탄의 공격으로 인한 외적인 고난과 역경이 아닌, 내 안에서 일어나는 갈등을 마주하며 씨름하는 때이다.

느헤미야서 4장부터 6장까지 치열한 전쟁이 진행된다. 4장은 우리를 무너뜨리려고 하는 원수들이 외부에서 공격해올 때 맞서는 싸움이었다. 때로 이 전쟁의 현상들이 험난하여 두렵기도 하다. 그러나 이런 진동과 고비는 우리를 깨워서 하나님을 더욱 주목하게 하며, 주께 나아갈 수 있는 기회를 만든다. 참 그리스도인은 외적인 적, 즉 고난으로 절대 무너지지 않는다.

5장과 6장의 전쟁은 이 싸움의 원인이 내부의 적이라는 점에서 4장과는 다르다. 외부에서 어려움이 닥칠 때, 우리는 주님 앞에 나아가며 기도의 시간을 늘린다. 주변에 중보를 부탁하기도 하고, 하나님 앞에 머무르며 씨름한다. 그래서 고난은 하나님의 축복이다. 고난을 통해서 우리는 성장하며 정금같이 단장된다.

5장부터 등장하는 '내적인 적'을 보기 바란다. 사실, 우리를 향한 하나님의 축복이 지연되는 많은 경우가 우리 안에 숨어 있는 복병들 때문이다. 느헤미야는 마침내 성벽 재건이 시작되어 모두가 한마음으로 열중하는 이 시기에, 내부에서 일어나는 갈등과 싸움이 얼마나 심각한 일인지를 잘 알았다. 그는 외부의 공격뿐만 아니라 그들 안에서 시작된 충돌을 소상하게 기록한다.

성경 속 하나님의 사람들의 삶을 보라. 그들이 외부 적들의 공격과 그로 인한 고난 때문에 패망한 적은 거의 없다. 하나님의 사람으로 살아가다가 한순간에 넘어지는 대부분의 이유는 내부의 적 때문이다. 우리의 내면이 견고하게 보수되어 있지 않다면, 숨어 있는 원수들이 기습적으로 덮칠 때 한 번에 무너질 수 있다. 내면의 성문을 활짝 열어두었다가 트로이의 목마처럼 가만히 들어와 숨어 있던 복병들에게 장악되지 않도록 주의하라.

그런데 내면의 적들은 쉽게 눈에 띄지 않는다. 자칫 내적인 적들을 잘못 드러냈다가 애매한 출혈이 생길 수도 있다. 민감하고 어려운 문제이다. 그러나 반드시 해결해야 한다.

그때와 이때

몸이 정상적인 컨디션일 때는 병균이 침투해 들어와도 우리 몸의 백혈구가 균을 죽일 수 있다. 그러나 면역체계가 무너져 있다면, 심각한 병균이 아닌데도 큰 병으로 이어질 수 있다. 5장을 여는 1절의 '그때에'에 주목하자. 여기서 말하는 '그때'란 4장에서 적들의 기습에 대한 이야기를 들은 때를 말한다. 왜 내면의 복병들을 인지하고 쫓아내야 하는가? 평상시에는 별 문제가 없어 보인다. 하지만 예상치 못한 어려움의 날인 '그때' 복병이 우리의 목을 죄어오기 때문이다.

외적인 적이 올 때는 유다 백성들이 한마음으로 똘똘 뭉쳐 적과 싸울 준비를 했다. 그러나 내적인 적들이 일어나자 공동체가 붕괴될 위기에 처하게 된다. 따라서 하나님께서 우리에게 손을 내미실 때, 우리의 내적인 적들이 드러나야 한다. 숨어 있던 적들이 외부에서 오는 공격들과 합세하는 날에는 이 싸움에서 이기기 어렵다. '그때'가 아니라 지금 '이때'에 복병들을 찾아내어 처리하라. 평안의 날에 주께 때를 정하고 나아가 내적인 적들이 드러나고 해결되기를 축복한다.

내적인 적이 일어나는 요인

1. 불가항력적인 죄를 여는 문들

'불가항력적으로 지은 죄'는 대부분 성장 과정이나 가정의 배경 또는 원치 않은 사건 사고 등을 통해 열리게 된다. 본문 느헤미야서 5장 3절은 "이 흉년에"라고 기록되어 있다. 불가항력적인 난관에 부딪히게 된 것이다. 그로 인해 내부의 적들과 어둠의 요소들이 드러나게 된다.

1) 가계의 영적 상황

불경건의 4겹 동아줄의 첫 번째 가닥인 가계의 영적 상황이 우리의 영적 환경에 복병을 만들 수 있다.

축사(逐邪)는 숨어 있는 게릴라를 잡는 것이다. 에베소서 2장 1-3절이 이를 잘 설명한다. 예수님을 인격적으로 만나기 전, 우리는 본질상 진노의 자녀였다. 모태신앙인 성도들도 마찬가지이다. 하나님과 상관없던 우리에게 어느 날 은총이 임하여 믿음의 기적이 일어난다. 겉사람의 모습은 그대로일지라도 영이 다시 태어난 것이다. 그렇지만 육과 혼의 영역에는 아직 거듭나기 전 우리의 허물들이 남아 있다. 이제까지 살아온 삶의 습관과 형태가 흔적처럼 남은 것이다. 어둠의 원수들도 게릴라처럼 숨어 있다.

우리는 본래 죄에 끌려 다니던 자들이었다. 사탄의 권세 아래 그 영향력을 받고 있었다. 그런데 어느 날 우리가 정권(政權)을 바꾼 것이다. 그러니까 미처 철수하지 못한 적이 내면의 동굴 속에 숨어버린다. 그러나 우리가 하나님께 가까이 나아가 그분의 빛을 온 영혼에 비추기 시작하면 숨어 있던 영들이 드러나며 떠나가게 된다. 이것이 축사이다. 어떤 사람은 성령세례를 체험하고 난 후 악한 영이 스스로 떠나간다. 이는 동굴 속의 박쥐들이 빛을 피해 나가는 좋은 현상이다.

그런데 악한 영들을 따로 축사해야 할 때가 있다. 그 뿌리가 깊고 오래된 경우이다. 특별히 0-3세 사이에 이미 내 안에 들어와 나의 일부처럼 된 악한 영들의 경우는 더 심각하다. 이런 뿌리는 본인 또는 부모도 모르게 벌어진 일인 경우가 많다. 예를 들어서 다음과 같은 상황들이 그렇다.

어떤 사람이 갓난아기 때, 그의 부모가 심하게 부부싸움을 했다. 잔뜩 화가 난 부모의 고함소리에 아이는 불안과 공포를 느꼈다. 그런데 그럴 때 악한 영이 들어오는 경우가 있다. 부모가 없을 때 혼자 잠에서 깬 아이가 극심한 단절감과 공포감을 느끼다가 어둠의 문이 열려 귀신이 들어온 경우도 있다. 이런 일들이 발생했을 때 부모는 아이의 깊은 마음을 만져줘야 한다. 이런 일들 때문에 우리 안에 복병이 생긴다. 이것은 우리의 의지와 상관없는 불가항력적인 일이다.

때로는 나의 선조들이 귀신들을 초청해놓아서 내면의 복병이 생기기도 한다. 나는 예수님을 믿게 되었지만, 보이지 않는 영계에서 선조들이 불러다놓은 어둠의 영들이 "나는 너희 가문의 강한 자(a strong man)야!"라고 주장하는 경우이다. 그래서 우리는 이런 일들을 회개해야 한다.

2) 잘못된 진리

우리 안에 심긴 비진리들, 잘못된 세계관, 왜곡된 말씀들이 어둠의 문을 열게 만든다. 내 안에 비본질에 기반한 가치관이나 죄의 동기들이 발견된다면 끊어지기를 기도하라.

2. 불가항력적 상황

우리 안에 내적인 적들을 만들고 움직이게 하는 요인으로 '불가항력적 상황'이 있다. 우리의 의지와 상관없이, 사람의 힘으로 어찌할 수 없는 상황들 때문에 내적인 적들이 형성된 경우를 말한다. 느헤미야서 5장 본문의 불가항력적 상황은 '흉년'이다. 살아가는 데 최소한도로 필요한 기본권이 보장되지 않자 백성들의 원성이 일어나게 된다.

그때에 백성들이 그들의 아내와 함께 크게 부르짖어 그들의 형제인

유다 사람들을 원망하는데 느 5:1

5장 1절 '그때에'의 상황을 기억하라. 예루살렘 성벽 재건 소식에 분노한 사방의 적들이 연합군을 일으켜 살육으로 이 역사를 중단시키려 한다는 소문으로 온 유다가 흉흉하던 때였다. 이 극한 긴장의 상황 가운데 내부에서 원성이 터진 것이다.

느헤미야에게 이 모든 상황이 얼마나 큰 어려움이었을까? 그는 하나님의 이름과 이스라엘을 위해 수산 궁에서 누릴 수 있는 삶을 내려놓았다. 대의(大義)를 위해 기꺼이 헌신의 길을 택했다. 그러나 백성들은 당장 먹고 사는 문제로 싸움을 일으키고 있다. 선민 공동체 안에서 이자를 놓아가며 빚을 주고, 자녀들을 노예로 파는 일까지 자행되고 있었다. 이 모든 원성의 소리는 느헤미야의 마음 깊은 곳까지 고통스럽게 했을 것이다.

> 내가 백성의 부르짖음과 이런 말을 듣고 크게 노하였으나 깊이 생각하고 귀족들과 민장들을 꾸짖어 그들에게 이르기를… 느 5:6,7

그동안 느헤미야에게는 집중해야 할 일들이 산적해 있었다. 바사 제국의 왕이 이스라엘을 위해 예루살렘 성벽 중수를 돕는 이때, 이 사명을 완수해야 한다는 마음의 쫓김이 있었을지 모르겠다. 훼파된 성벽처럼 마음까지 황량해진 백성들과 기세등등하게 살육을 장담하는 적들의 소문 속에서, 느헤미야는 내부에서 일어나는 갈등들을 돌볼 시간도 없었다. 하나님은 흉년이라는 불가항력적 상황 가운데 그간 이스라엘에서 벌어진 행태들이 드러나게 하셨다. 예상치 못한 날, 잠재되어 있던 백성들의 원성이 터져 나왔다.

내면의 복병은 기근과 같은 불가항력적 상황이 닥쳤을 때 일어나고 드러난다. 이런 현상을 '동굴의 원리'라고도 한다. 우리 내면에는 빛이 들어오지 않는 동굴 같은 영역들이 있다. 그 속에 숨어 있던 박쥐들은 별안간 빛이 비춰질 때 튀어나온다. 이를 '트로이 목마의 원리'라고도 한다. 그리스 연합군과 전쟁을 하게 된 트로이는 난공불락의 성벽과 요새로 안전을 유지할 수 있었다. 그리스 연합군의 온 군사들이 달라붙어도 트로이가 끄덕도 하지 않자 그때 나온 꾀가 '목마'였다. 그리스 군대는 싸움을 포기하고 도망가는 척하면서 신에게 바치는 제물이라는 목마를 남겨두었다. 그러자 트로이 사람들이 목마를 성 안으로 끌어들이고 승리를 자축했다. 모두 방심하여 깊은 잠에 빠졌을 때, 목마 안에 숨어 있던 그리스 군사들이 나와 성문을 열었다. 결국 트로이는 속수무책으로 전쟁에 패하게 된다.

불가항력적 상황은 우리 속에 잠복하고 있던 적들을 드러낸다. 주님은 성회로 모이는 교회에서 예배 중에 우리 내면의 동굴에 빛을 비추사 숨어 있던 박쥐들을 튀어나오게 하신다. 이는 감사한 일이다. 주께서 우리를 깨끗게 하시는 시즌을 만난 것이다. 이런 은혜의 날들을 통해 내면의 복병이 해결되지 않았다면, 결정적인 전투의 날에 복병들은 우리를 대적하여 일어나게 되는 것이다.

내적인 적들을 이기는 원리

느헤미야는 5장의 상황 속에서 '하나님 경외함'을 고백한다. 예상치 못한 어려움을 돌파한 느헤미야의 비결이 바로 하나님을 경외하는 것이었다.

내가 또 이르기를 너희의 소행이 좋지 못하도다 우리의 대적 이방 사람의 비방을 생각하고 우리 하나님을 경외하는 가운데 행할 것이 아니냐… 나보다 먼저 있었던 총독들은 백성에게서, 양식과 포도주와 또 은 사십 세겔을 그들에게서 빼앗았고 또한 그들의 종자들도 백성을 압제하였으나 나는 하나님을 경외하므로 이같이 행하지 아니하고 느 5:9,15

경외함의 세 가지 의미를 기억하라. 하나님을 경외하는 사람들은 날마다 '하나님의 살아 계심 앞에' 선다. 이는 보이지 않는 하나님을 매 순간 인식하는 삶의 태도이다. 모든 일을 하나님 앞에서 행하기 바란다. 하나님을 위해 참고, 하나님 때문에 양보하고, 하나님 때문에 인내하는 자에게 주(主)가 갚아주신다.

이는 경외함의 두 번째 의미, '예배자'로 사는 삶으로 이어진다. 바울은 로마서에서 우리 몸을 하나님이 기뻐하시는 거룩한 산 제물로 드리라고 말했다(롬 12:1). 내 삶이 주께 드려졌음을 매일 고백하자. 모든 일을 예배로 행할 때, 위기가 닥쳐와도 흔들리지 않을 수 있다.

마지막으로, 경외함의 태도에는 '하나님을 사랑하는 마음'이 있다. 하나님은 두려워하는 감정에서 비롯된 행위들을 기뻐하지 않으신다. 경외는 사랑과 두려워함이 함께 있는 상태이다. 주님을 사랑하기에, 주님의 마음을 아프게 하고 싶지 않기에 주 앞에 충성된 자가 되기를 축복한다.

여호와를 경외함으로 모든 일을 행하며, 숨어 있는 복병들을 물리치자. 나의 열심과 헌신을 사람들이 전혀 알아주지 않을 때가 있다. 오히려 진심을 오해하고 왜곡하기도 한다. 내가 하지 않은 일 때문에 원망을 듣기도 하고, 원활한 소통이 되지 않아 답답할 때도 있다. 그러나 여호와를 경외함으로 일어서기 바란다. 여호와를 경외함으로 주님의 약속을 붙잡으라.

내적인 적이 숨어드는 삶의 문제들

1. 가정의 문제

잠재되어 있던 내적인 적이 우리 안에서 요동하게 만드는 가장 큰 요인은 '가정'이다. 이는 앞서 말한 가계의 영적 상황이 아닌 실제 가정을 말한다. 5장 1절은 그때에 백성들이 그들의 아내와 함께 크게 부르짖어 유다 사람들을 원망했다고 한다. 백성들과 함께한 아내들이 있었다. 느헤미야는 그들도 이 상황의 주체였음을 의도적으로 보게 한다.

느헤미야가 도전한 위대한 소원을 함께 이루고자, 남편들은 고된 일정을 시작했다. 그들은 마치 자신들의 모습처럼 무너져 내린 예루살렘의 성벽을 재건하고자 용기를 내었다. 한 손에는 연장을, 또 한 손에는 무기를 들고 낮과 밤으로 파수꾼같이 일어섰다. 쉽지 않은 시작이었다. 남편들에게도, 아내들에게도 어려움이 있었을 것이다. 그러나 그들은 서로 용기와 믿음을 북돋우기보다 현실적인 어려움 속에 함께 빠져갔다.

아내는 남편을 품는 자이다. '하와'라는 히브리어에는 "담벼락", "담는 그릇"이라는 의미가 있다. 성경적으로 남자는 '권위'와 '머리'이다. 그러나 그가 여자라는 그릇 안에 담겨 있다는 것을 기억하라. 하나님께서 만드신 연합의 조화이다. 여인들의 지혜와 중보에 능력이 있다. 파수꾼의 자리에 선 여인들을 통해 가정과 민족과 나라가 산다.

은혜 속에서 예배를 드리고도 가정에 돌아가면 전쟁이 시작되는 부부들이 있다. 가정에 십자가가 세워져야 한다. 십자가가 없는 가정은 결국 늪에 빠진다. 지금은 관계가 좋고 함께하는 것이 즐거워도 아나니아와 삽비라처럼 어둠의 공동체가 될 수 있다. 주님이 우리 가정의 주인 되어주실 때 가족과의 시간이 진정한 축복이 된다. 주님보다 위에 선 가정은 인본주의의 열매를 맺을 수밖에 없다. 원수들은 결코 그 틈을 놓치지 않을 것이다.

아담과 하와가 선악과를 따 먹지 않고 하나님의 말씀에 순종하며 하나님께서 하나님 되심을 인정하고 경배했을 때 두 사람은 행복했다. 그러나 선악과를 먹은 즉시, 아담은 하와를 탓하고 핑계 삼으며 죄를 전가(轉嫁)한다. "저 여자! 당신이 데려온 저 여자가 먹으라고 해서 먹었습니다."

가정이 우리의 내적인 적이 되지 않도록 하기 위해서 '3P' 정리가 필요하다. 3P란 People(인간관계), Possession(소유), Purpose(목표)를 말한다. 우리의 인간관계, 소유, 인생의 목적이 모두 하나님의 것이 되어야 하나님께서 온전히 그 가정의 주인이 되신다. 예수 그리스도의 주재권 앞에 우리의 모든 것을 굴복해야 주께서 바로잡으신다. 겉으로는 대단하게 신앙생활을 하는 듯이 보여도 3P 문제가 십자가 안에서 해결되지 않은 가정은 내적인 적 때문에 어느 날 와

르르 무너질 수 있다. 그 무엇도 진리의 말씀보다 위에 서지 못하게 하라. 주님을 가정의 주인으로 선포하라. 그렇지 않다면 우리는 가족 신(神)을 섬길 뿐이다. 주 여호와를 섬기라. 예수님만이 우리 가정에 주인이 되시게 하라.

2. 경제적 문제

둘째, 재정의 원칙이 진리 안에 분명하게 세워지지 않으면 우리가 전진해야 할 때 반드시 내적인 적이 막아선다. 하나님나라의 일을 하려는 결정적인 때, 재정에 붙잡혀 복병들에게 끌려가게 된다.

각자 상황이 다르겠지만 가능하면 빚지지 않기 바란다. 빚을 지면 어쩔 수 없이 빚에 매인 자가 된다. 재정의 문제는 하나님의 사람을 비굴해지게 만들 수 있다. 돈 때문에 사람에게 끌려다니게 되고, 돈 때문에 거짓말이 시작되기도 하고, 돈 때문에 사기까지 칠 수 있다. 가능하면 주님이 필요한 재정을 주실 때까지 기다리는 것이 좋다. 욕심을 버리고 조급해하지 말라. 주님께 삶을 올려드리고, 인내로 씨름할 수 있어야 한다.

하늘의 경제 원리는 주고, 받고, 심고, 거두는 것이다. 주는 것은 어려운 사람에게 나의 것을 나눠주는 구제를 말한다. 심는 것은 교회를 세우는 건축이나 선교와 같은 하나님나라 차원의 사역에 헌금하는 것을 의미한다. 주는 자들은 받게 되어 있다. 심는 자들은 거두게 된다. 주고 받으며 심고 거두는 하늘의 경제 원칙에 따라 많이 주고 많이 받는 자가 되기를 축복한다. 성경적 재정 원칙으로 시험의 때를 돌파하고 반드시 승리하라.

3. 권위의 문제

셋째, '권위'는 지도자의 문제이다. 느헤미야서 5장 14-18절은 느헤미야가 12년 동안 총독의 녹을 받지 않고 희생한 일을 말하고 있다. 원수들이 참소거리를 찾을 때, 느헤미야는 스스로 공의롭게 행한 일로 인하여 승리할 수 있었다. 19절로 이어지는 그의 당당한 기도를 보라. 느헤미야는 주님 앞에서 그의 권위를 옳게 사용했다.

나보다 먼저 있었던 총독들은 백성에게서, 양식과 포도주와 또 은 사십 세겔을 그들에게서 빼앗았고 또한 그들의 종자들도 백성을 압제하였으나 나는 하나님을 경외하므로 이같이 행하지 아니하고 … 비록 이같이 하였을지라도 내가 총독의 녹을 요구하지 아니하였음은 이 백성의 부역이 중함이었더라 내 하나님이여 내가 이 백성을 위하여 행한 모든 일을 기억하사 내게 은혜를 베푸시옵소서 느 5:15-19

하나님의 사람은 그에게 주어진 권위를 부리지 않는다. 참다운 권위는 십자가를 지는 것이다. 내게 맡겨진 사람들을 섬기고 자기를 희생할 때 권위에 진정한 힘이 생긴다.

　유독 집에서 군기를 잡는 못난 남자들이 있다. 집 밖에서 당한 눌림을 자기도 모르게 그렇게 푼다. 그러나 여유 있는 사람들은 지붕이 되어준다. 때로 지붕 아래가 잔뜩 헝클어져 있어도 지붕이 다 덮는 것이다. 섬기는 용기가 있는 권위자들이 되기를 축복한다. 가정과 교회의 권위자들을 통해 넉넉하고 진실한 하나님 아버지의 사랑이 전달되기 바란다. 고아와 과부처럼 소외된 모든 이들에게 주님의 사랑을 경험케 하는 권위가 서기를 기도한다.

내면의 성벽을 중수함의 원리

　브루스 톰슨의 《하나님의 다림줄》(예수전도단)이라는 책의 몇 가지 원리를 참고하여, 내면에 견고한 보호벽을 세우는 원리를 나누고자 한다. 이 책은 아모스서 7장에 나오는 다림줄을 기준으로 한 치유의 원리들을 말한다. 우리 안에 무너진 성벽을 재건하기 위해 필요한 일곱 개의 기둥이 있다. 계시, 회개, 용서(해방), 분별, 폐기, 갱신, 중건의 일곱 단계이다. 이중에 중요한 몇 가지를 살펴보자.

1. 계시의 기둥

첫째, '계시'의 기둥이다. 내면의 동굴들을 발견하고, 복병들을 쫓아내기 위해서는 에베소서 1장 17-19절 말씀과 같이 하나님의 계시가 필요하다.

우리 주 예수 그리스도의 하나님, 영광의 아버지께서 지혜와 계시의 영을 너희에게 주사 하나님을 알게 하시고 너희 마음의 눈을 밝히사 그의 부르심의 소망이 무엇이며 성도 안에서 그 기업의 영광의 풍성함이 무엇이며 그의 힘의 위력으로 역사하심을 따라 믿는 우리에게 베푸신 능력의 지극히 크심이 어떠한 것을 너희로 알게 하시기를 구하노라 엡 1:17-19

계시는 감추어졌던 것이 드러나 그것을 깨닫게 되는 것을 말한다. 이는 학습을 통한 이해나 습득하여 얻은 식견과는 다르다. 계시의 가장 근본적인 목적은 하나님 아버지를 아는 것에 있다. 에베소서는 우리에게 필요한 계시가 하나님을 아는 것임을 분명히 말한다. 하나님 아버지에 대한 계시가 없을 때, 우리는 거짓 지도자들이나 거짓 선지자들에게 속기도 하고, 더 넓게는 조종당하게 된다. 우리의 삶을 굽게 만드는 내적인 적의 본거지와 그 뿌리에는 어그러진 아버지의 상(像)이 있다. 육신의 부모나 학교 선생님들, 일터와 교회에서 만나는 권위자들의 연약함으로 인해 잘못된 아버지상이 형성되는데, 이는 어둠 속에서 점점 견고해진다.

하나님을 아는 계시의 빛이 필요하다. 로마서 7장에 나타난 사도 바울의 고백을 보자. 그는 치열하게 죄와 씨름하며 말한다. "오호라 나는 곤고한 자다! 이 죄 덩어리 육체에서 누가 나를 건져내랴?" 깊은 탄식을 끝으로 그는 로마서 8장에서 복음을 선포한다. 정죄가 아닌, 아버지 하나님과 그리스도 예수를 아는 복음이다. "그리스도 예수 안에 있는 자에게는 결코 정죄함이 없다. 예수 안에 있는 생명의 성령의 법이 죄와 사망의 법에서 우리를 해방하였다. 이제 우리는 무서워하는 종의 영이 아닌, 양자의 영을 받은 자들이다. 우리가 하나님께 '아빠 아버지'라고 부를 수 있게 하셨다."

느헤미야는 아버지 하나님을 알고 있었다. 하나님의 마음속에 있는 공의와 사랑을 알았다. 이스라엘을 긍휼히 여기시는 아버지의 마음이 느헤미야로 하여금 십이 년 동안 총독의 녹을 받지 않고 헌신하도록 했다. 내적인 적들이 일어나 한순간에 모든 상황이 전복될 수도 있었을 때, 느헤미야는 아버지의 마음에 동참함으로 이 난관을 극복할 수 있었다. 하나님을 알 때 승리가 시작된다.

2. 회개의 기둥

둘째, '회개'의 기둥이다. 우리는 크게, 우리의 불신앙과 교만을 회개해야 한다. 불신앙은 우상숭배로 이어진다. 모든 죄가 여기에서 확장된다. 불신앙에서 불경건한 생각들이 형성되고, 그에 기반을 둔 삶의 태도가 이어진다. 교만은 교묘하게 우리 안에 자리 잡고 있다. 내게는 없다고 확신하지 않기를 바란다. 교만은 마음속 깊이 숨어 있다가 '나'를 드러내며 올라온다. 하나님과 멀어지는 일들이 이 교만에서 시작된다. 모든 죄의 근거지들을 회개하자.

3. 용서(해방)의 기둥

셋째 기둥은 '용서'이다. 용서란 죗값을 치러야 할 사람을 놓아주는 것이다. 그가 저지른 일에 대해 마땅한 대가를 치르지 않고, 심지어 때로는 미안하다고 말하지 않아도 그를 풀어주는 것이다.

이 날 곧 안식 후 첫날 저녁 때에 제자들이 유대인들을 두려워하여 모인 곳의 문들을 닫았더니 예수께서 오사 가운데 서서 이르시되 너희에게 평강이 있을지어다 이 말씀을 하시고 손과 옆구리를 보이시니 제자들이 주를 보고 기뻐하더라 예수께서 또 이르시되 너희에게 평강이 있을지어다 아버지께서 나를 보내신 것같이 나도 너희를 보내노라 이 말씀을 하시고 그들을 향하사 숨을 내쉬며 이르시되 성령을 받으라 너희가 누구의 죄든지 사하면 사하여질 것이요 누구의 죄든지 그대로 두면 그대로 있으리라 하시니라 요 20:19-23

예수님이 한밤중에 병사들에게 끌려가자 모든 제자들이 도망쳤다. 수제자 베드로마저 예수님을 저주하며 부인했다. 그런데 이 제자들에게 부활하신 예수님이 갑자기 나타나신다. 주님은 그들의 실패와 죄에 대해서 아무 말도 하지 않으셨다. 오직 손과 옆구리를 보이시며 "평안하라!" 말씀하신다. 우리가 아직 죄인 되었을 때 그리스도께서 우리를 위하여 죽으셨다. 우리는 그렇게 용서받았다.

그때에 베드로가 나아와 이르되 주여 형제가 내게 죄를 범하면 몇 번이나 용서하여 주리이까 일곱 번까지 하오리이까 예수께서 이르시되 네게 이르노니 일곱 번뿐 아니라 일곱 번을 일흔 번까지라도 할지니라 그러므로 천국은 그 종들과 결산하려 하던 어떤 임금과 같으니 결산할 때에 만 달란트 빚진 자 하나를 데려오매 갚을 것이 없는지라 주인이 명하여 그 몸과 아내와 자식들과 모든 소유를 다 팔아 갚게 하라 하니 그 종이 엎드려 절하며 이르되 내게 참으소서 다 갚으리이다 하거늘 그 종의 주인이 불쌍히 여겨 놓아 보내며 그 빚을 탕감하여 주었더니 그 종이 나가서 자기에게 백 데나리온 빚진 동료 한 사람을 만나 붙들어 목을 잡고 이르되 빚을 갚으라 하매 그 동료가 엎드려 간구하여 이르되 나에게 참아주소서 갚으리이다 하되 허락하지 아니하고 이에 가서 그가 빚을 갚도록 옥에 가두거늘 그 동료들이 그것을 보고 몹시 딱하게 여겨 주인에게 가서 그 일을 다 알리니 이에 주인이 그를 불러다가 말하되 악한 종아 네가 빌기에 내가 네 빚을 전부 탕감하여 주었거늘 내가 너를 불쌍히 여김과 같이 너도 네 동료를 불쌍히 여김이 마땅하지 아니하냐 하고 주인이 노하여 그 빚을 다 갚도록 그를 옥졸들에게 넘기니라 너희가 각각 마음으로부터 형제를 용서하지 아니하면 나의 하늘 아버지께서도 너희에게 이와 같이 하시리라 마 18:21-35

마음으로 용서하지 않으면 옥졸들에게 넘겨져 갇힌 자가 된다. 주님이 가르쳐주신 기도는 어떠한가? 주님은 "우리가 우리에게 죄지은 자를 사하여준 것같이 우리 죄를 사하여주시옵고"라고 기도하라고 하셨다. 용서하지 않으면 묶임이 있게 된다. 하나님 안에 있는데도 평안함이 없다. 옥에 갇힌 자의 상황이 삶에서 영적인 모습으로 일어나는 것이다.

내적인 적들에게 마음을 내어주고 빼앗기는 가장 중요한 요인 중 하나가 용서의 문제이다. 우리가 용서하지 않기 때문에, 우리는 원수가 장악한 어둠에서 벗어나지 못하고 스스로 저주에 묶이게 된다. 용서는 그 사람을 보지 않고 하나님을 바라보는 것이다. 남을 위한 것이 아니라 나 자신을 위해서 하는 것이다. 내가 용서의 대상을 먼저 놓아주면 그가 아니라 내가 자유케 된다.

용서의 대전제는 하나님이 예수 그리스도를 통해서 우리를 용서하신 것처럼 용서하는 것이다. 용서에 대한 몇 가지 원칙을 보자.

1) 왜 용서해야 하는가?

서로 친절하게 하며 불쌍히 여기며 서로 용서하기를 하나님이 그리스도 안에서 너희를 용서하심과 같이 하라 엡 4:32

너희가 사람의 잘못을 용서하면 너희 하늘 아버지께서도 너희 잘못을 용서하시려니와 너희가 사람의 잘못을 용서하지 아니하면 너희 아버지께서도 너희 잘못을 용서하지 아니하시리라 마 6:14,15

용서는 하나님의 명령이기 때문이다. 용서는 빚을 탕감 받은 자가 마땅히 행할 바이다. 주님은 우리가 용서받았듯이 우리도 용서하라고 말씀하신다.

구약의 법은 눈에는 눈으로, 이에는 이로 갚는 것이다. 그러나 예수 그리스도께서 육신을 입고 이 땅에 오사 십자가에서 피 흘리심으로 모든 죄의 값을 지불하셨다. 죄의 저주와 사망의 역사들이 끊어지면서 하나님의 긍휼이 온 땅에 선포되었다. 용서는 우리가 하나님의 긍휼에 참여하는 것이다.

2) 언제 용서하는가?

우리가 아직 연약할 때에 기약대로 그리스도께서 경건하지 않은 자를 위하여 죽으셨도다 의인을 위하여 죽는 자가 쉽지 않고 선인을 위하여 용감히 죽는 자가 혹 있거니와 우리가 아직 죄인 되었을 때에 그리스도께서 우리를 위하여 죽으심으로 하나님께서 우리에 대한 자기의 사랑을 확증하셨느니라 롬 5:6-8

우리가 아직 죄인이었을 때 주님은 우리를 용서하셨다. 우리도 이와 같이 용서해야 한다. 누군가 잘못된 행동을 하며 죄를 지었을 때, 바로 용서하라. 그래야 원수가 틈을 탈 수 없다.

3) 언제까지 용서해야 하는가?

이사야서 1장 18절과 38장 17절, 히브리서 8장 12절과 10장 17절은 우리를 향한 하나님의 용서하심이 얼마나 크고 온전한지 말한다. 하나님은 우리를 긍휼히 여기시고 우리 죄를 다시는 기억하지 않으신다. 우리를 멸망의 구덩이에서 건져내시고, 모든 죄를 주의 등 뒤에 던지신다. 우리의 죄가 주홍 같을지라도 눈과 같이 희어지게 하시며, 진홍같이 붉을지라도 양털같이 희게 하신다.

이처럼 그 죄를 기억하지도 않는 용서를 하라. 계속해서 죄를 묵상하게 만드는 어둠이 끊어지도록 주님께 도움을 구하라. 많은 사람이 반복적인 용서의 상황 때문에 괴로움을 겪는다. "나는 이미 용서하기로 마음먹었습니다. 그리고 실제로 용서하며 기도했습니다. 그러나 종종 내 마음 깊은 곳에서 용서했던 대상과 그 일로 인한 갈등이 일어납니다. 언제까지 용서의 문제로 씨름해야 할까요?"

용서는 나에게 잘못한 사람을 정죄하거나 책임을 묻고 그를 징벌할 모든 권리를 포기하는 것이다. 용서를 선택한 후에도 여전히 내 안에 그 사람과 그 일로 인한 아픔이 느껴지고 보상받고 싶은 마음이 들 수 있지만, 그런 심리 때문에 용서의 대상을 향해 정죄하는 말을 계속한다면 다시 원점으로 돌아가게 된다.

용서는 한 번의 행사가 아니며 퍼포먼스는 더욱 아니다. 진정 용서하기로 결심했다면, 더 이상 그 사람이나 그 일에 대해 정죄하는 권리를 붙잡고 있어서는 안 된다. 이 씨름이 길어질 수도 있다. 그러나 포기하지 말라. 우리가 주님을 위해 매 순간 용서를 선택할 때, 주님은 우리에게 더 깊은 긍휼과 자비를 약속하신다.

4) 어떻게 용서해야 하는가?

용서는 하나님을 바라보는 것이라고 정의했다. 하나님을 바라볼 때 우리는 하나님을 닮게 된다. 주님의 빛 안에서 어둠을 미워하게 되고, 주님의 풍성함으로 만족하게 된다. 용서하지 않으면 반대로 피의자를 계속 바라보고 서 있게 된다. 그러면 그를 닮아 결국 죄가 전이되고 우리가 악해진다. 우리는 새로운 피조물로 선포되었다. 그런데도 용서하지 않는다면 그것은 우리 자신을 스스로 과거에 묶어버리는 것이다.

특별히 부모님을 용서하기 바란다. 성경은 부모와 자식 관계의 특별함을 말한다. 나의 DNA 속에 부모님이 있다. 우리는 권위의 시작인 육신의 아버지를 용서해야 한다. 아버지를 용서하지 못하는 이들은 아버지를 바라보다가 아버지를 닮게 되고, 그런 자신을 또한 미워하며, 반복되는 굴레를 벗어나지 못하게 된다. 육신의 부모님을 구체적으로 용서하라. 그래서 그 분들도 자유롭게 될 뿐 아니라, 우리 자신도 부모님보다 나은 하나님의 형상이 되자.

용서는 자기 자신을 위해서 하는 것이다. 때로 억울하고 아프지만 용서할 때 자유가 시작된다. 용서의 대상이나 사건을 떠올릴 때 부정적인 감정이 올라온다면 아직 용서가 되지 않은 것이다. 용서의 기쁨을 경험하기를 축복한다.

4. 분별의 기둥

넷째는 '분별'의 기둥이다. 특별히 여기서는 4장에서 나누었던 〈전방위적 영적 전쟁〉 그림을 실제적 적용과 분별의 측면에서 보고자 한다. 태양은 원 근원자이신 하나님이다. 하나님께서는 우리 모두에게 그의 빛을 비추기 원하신다. 그러나 '영적 실체'가 그 빛을 가로막는다. 영적 실체는 견고한 진, 강한 자, 정사와 권세 같은 영적 존재들이다.

간혹 우리 안에 "하나님, 왜 이렇게 하셨어요?"라고 따지는 쓴 뿌리가 나올 수 있다(히 12:15). 그러나 그런 원망스러운 일들은 하나님이 하신 일이 아니다. 불가항력적 상황으로 열린 문, 혹은 가계의 영적 상황에서 발생한 죄의 열매들이다. 하나님은 가장 좋은 것을 주시는 분이다. 이 진리를 정말 신뢰하는가? 그렇지 않다면 치유가 필요하다. 그래서 우리 안에 무너진 성벽을 재건하기 위한 첫 번째 기둥이 계시가 되어야 하는 것이다. 하나님을 알지 못하면 원수가 우리를 자꾸 속인다. 어떤 상황에 부딪혀도 하나님 아버지는 좋으신 분임을 믿는 굳건한 믿음이 있기를 축복한다.

빛을 가로막고 그림자를 만드는 견고한 요새를 무너뜨려야 한다. 이것은 전략적 기도팀 또는 사도적 기도팀이라고 부르는 팀이 담당하며 개인인 경우에는 키퍼슨(key person)이라고 한다. 전략적 기도팀은 한 사람 또는 한 공동체나 지역을 마치 MRI를 찍듯이 영적으로 검사하며 감찰한다. 주님이 우리에게 주신 은사들을 동원해서 그 대상을 향한 하나님의 뜻과 그에게 심으신 DNA를 발견하고, 숨어 있는 어둠의 암 덩어리를 찾아내게 된다.

이 과정을 '드러내기'와 '찾아내기'라고 한다. 레이더를 작동시켜 영적 실체들을 감지하고 분석하여 어떻게 싸울지 찾아내고, 실제로 그 어둠이 떠나갈 때까지 싸운다. 이 모든 일은 머리로 이해되는 것이 아니다. 기도의 자리에서 경험되어야 한다.

견고한 진과 강한 자의 실체

우리가 미처 알지 못하지만, 우리 내면에 견고한 영적 요새와 강한 자들이 숨어 있을 수 있다. 그래서 축사 사역을 할 때 영을 분별하는 은사가 필요하다. 축사 사역이 시작되면 상처의 뿌리에 해당하는 강한 자가 그보다 낮은 하위 레벨의 귀신들만 내보내면서 자신을 숨기려 한다. 악한 영이 드러나고 떠나간다 하더라도 강한 자를 결박하지 않으면 같은 아픔이 반복될 것이다. 마귀의 농간에 속지 말라. 견고한 요새 안에 있는 강한 자, 정사와 권세가 드러나고 떠나가게 해야 한다.

나는 축사 사역을 하던 초반에 강한 자의 존재와 그 의미를 몰랐다. 어느 날 한 지체에게 축사 사역을 하게 되었고, 주님의 특별한 은혜 안에서 새로운 영적 세계를 보고 경험할 수 있었다. 그는 상처와 아픔이 많은 자였다. 부르심을 향해 나아갈 때마다 그의 삶을 가로막고 방해하던 어둠의 영들이 드러났다. 많은 귀신들을 내보냈지만 깊은 밑바닥에 무엇인가 깔려 있는 것이 느껴졌다. 바로 '강한 자'였다. 그런 존재가 없는 척, 영이 아닌 척하는 실랑이가 벌어졌다. 그러나 주님의 빛 앞에 결국 그 실체가 드러났다. 강한 자는 마치 중추신경계와 하나가 된 것처럼 보였다. 그 강한 자는 척추에서부터 곳곳으로 뻗어 있던 뿌리들이 뽑히듯 떠나갔다.

축사 사역이 끝나자 그 지체의 얼굴색이 변하고 음색마저 달라졌다. 이렇게 자신의 기질인 줄 알았지만 원수의 영향력인 영역이 있을 수 있다. 내 취향, 가치관, 스타일이라고 생각했으나 어둠의 눌림 속에 잡혀 있는 부분이 있을 수 있다. 우리의 신경조직에서부터 깊은 내면 속 무의식의 세계까지도, 모든 영역에 진리의 빛이 비추어지기를 바란다.

드러내기

강한 자들을 쫓아내기 위해서는 먼저 '드러내기'를 해야 한다. 어둠의 영들은 나오지 않고 숨어 있으려고 한다. 어둠이 드러나는 현상들이 영적인 문제가 아닌 듯 속이기도 하고, 축사 사역을 할 때면 사역이 성공적으로 마무리 된 것처럼 다 빠져 나간 척하기도 한다. 마치 우리의 일부인 것처럼 정체를 숨기고 있지만, 사실은 우리를 묶고 있는 영이 있다. 이것을 분리해내는 것이 '드러내기'이다.

현상만 보고 사역하면 귀신의 거짓말에 넘어갈 수 있다. 그 대표적인 사례가 베뢰아 아카데미라는 단체에서 가르쳤던 '불신자의 사후 존재론'이다. 이 단체에서는 사람들의 성경적 평균 나이가 120세라고 믿고, 120세를 채우지 못한 채 구원받지 못하고 죽은 영혼들이 구천을 헤매면서 죄인들에게 들어간다고 생각했다. 이를테면 80세에 죽은 불신자의 영혼이 40년 동안 여기저기 돌아다니며 사람들에게 들어간다는 것이다. 그래서 베뢰아 신자들이 축사 사역을 하면, 귀신들이 자신을 김 아무개, 박 아무개, 이모 귀신, 고모 귀신, 할아버지 귀신 등 사람의 존재로 말한다고 하는데, 거짓말이다. 귀신은 불신자의 사후 존재가 아니다. 귀신들은 사탄이 타락할 때 함께 저주받은 악한 어둠의 영들이다.

불가항력적 상황에 의해 들어온 어둠의 영들은 주로 강한 자가 된다. 그리고 우리 안에서 어둠의 영적인 문을 열고 닫는다. 축사 사역을 통해 하위 레벨의 귀신들을 내쫓아도 강한 자를 쫓아내지 않으면, 강한 자가 어느 시점에 다시 귀신들을 불러들인다. 강한 자를 결박해야 이기고 마무리되기 때문에 강한 자를 드러내는 것이 중요하다.

그렇다면 강한 자를 어떻게 드러내는가? 한마디로, '기도와 예배'로 가능하다. 기도와 예배의 자리에서는 우리의 영적 기능이 활성화되며, 깊은 내면으로 하나님의 빛이 임한다. 어둠을 밝히는 주님의 빛 안에서 나조차 깨닫지 못했던 감정들과 숨겨놓았던 속마음이 떠오르기도 하고, 인지하지 못했던 상처의 원인들이 발견되기도 한다. 그러니까 우리는 빛으로 계속해서 나아가야 하며 빛 안에서 씨름해야 한다. 중요한 것은, 드러날 때까지 싸움해야 한다는 것이다. 실체가 드러나야 씨름이 시작된다.

찾아내기

분을 내어도 죄를 짓지 말며 해가 지도록 분을 품지 말고 마귀에게
틈을 주지 말라 엡 4:26,27

여기서 '틈'은 번역에 따라 "손잡이"라고도 표현된다. 틈은 원수
가 들어올 수 있는 열린 문일 뿐 아니라, 강한 자가 우리 내면에서
안전하게 버틸 수 있도록 붙잡는 힘의 근원이다. '찾아내기'는 강한
자들이 붙잡고 있는 죄의 손잡이를 찾아내는 과정이다. 이것은 다
양한 말로 표현되는데, 진리 회복, 세계관 회복, 퍼즐링, 총체적으로
는 '리서치하기'라고도 한다.

가정 안에서 찾아내기를 할 경우, 가계도를 그리면서 가정의 역
사와 문화 속에서 일어났던 일들을 확인해볼 수 있다. 도시의 경우
도 크게 다르지 않다. 그 도시와 지역의 역사적, 문화적, 사회적 리
서치를 통해 악한 영들이 어떻게 이 도시에서 권세를 갖게 되었는지
조사하는 것이다. 중요한 것은 이런 이성적 리서치와 더불어 계시적
리서치를 함께하는 것이다. 이 모든 일에 성령님을 의지하여, 성령님
과 함께해야 한다. 주 안에 머무르고 기도하면서 영들을 분별하는
것이 중요하다.

다음으로 리서치를 마치면서 발견한 것들을 처리한다. 찾아낸 것
이 죄의 문제라면 그 죄악을 동일시 회개한다. 느헤미야가 1장에서

'나와 내 아버지의 집의 범죄'를 용서해달라고 기도한 것처럼, 가정 또는 도시의 제사장으로 서서 기도하라. 십자가로 그 죄를 가져가 어린양 예수의 이름으로 죄의 일들을 단절시키고 그 위에 진리를 선포하여 원수들의 역사가 멈춰지도록 하라. 우리가 이렇게 회개하고 십자가의 보혈을 주장하여 강한 자들의 손잡이를 녹여버릴 수 있다. 우리의 심령과 이 도시에 예수 그리스도의 왕 되심과 그의 진리를 주장할 때, 강한 자들이 붙잡고 있던 힘의 근원들이 제거된다.

우리를 자유케 하시는 성령

주 여호와의 영이 내게 내리셨으니 이는 여호와께서 내게 기름을 부으사 가난한 자에게 아름다운 소식을 전하게 하려 하심이라 나를 보내사 마음이 상한 자를 고치며 포로 된 자에게 자유를, 갇힌 자에게 놓임을 선포하며 사 61:1

'마음이 상한 자'의 상처는 어둠의 문이 열리는 환경이 만들어지는 초기 단계이다. 그다음은 과도기적으로, 어둠의 영에게 영향을 받는 '포로 된 자'의 상태가 된다. 마지막 '갇힌 자'는 마치 감옥에 수감되어 있는 것처럼 자유를 빼앗긴 자이다. 밥도 먹고 책도 보고 운동도 하지만, 실상 이 모든 일은 마귀가 허락한 울타리 안에서만 일어난다.

그러나 성령께서 우리를 자유케 하신다. 이사야서 61장 본문의 핵심은 주 여호와의 영, 성령께서 이 모든 상태를 고치신다는 것이다. 주 여호와의 영이 부어지면 우리의 빈틈들이 메워지기 시작한다. 성령님은 모든 견고한 요새들 위에 진리의 빛을 비추시며 상한 심령을 치유해주신다.

그러나 내가 하나님의 성령을 힘입어 귀신을 쫓아내는 것이면 하나님의 나라가 이미 너희에게 임하였느니라 사람이 먼저 강한 자를 결박하지 않고서야 어떻게 그 강한 자의 집에 들어가 그 세간을 강탈하겠느냐 결박한 후에야 그 집을 강탈하리라 마 12:28,29

우리 안에 하나님의 나라가 이미 임했다. 강한 자를 두려워하지 말라. 승리는 우리에게 속하였다. 우리 안에 계신 예수 그리스도를 바라보라. 주 앞에 설 자 누구랴! 이미 임한 하나님의 나라가 어둠을 밀어내기 바란다.

다만 여호와를 거역하지는 말라 또 그 땅 백성을 두려워하지 말라 그들은 우리의 먹이라 그들의 보호자는 그들에게서 떠났고 여호와는 우리와 함께하시느니라 그들을 두려워하지 말라 하나 민 14:9

"그들은 우리의 먹이"라고 한 것은 그냥 비유가 아니다. 하나님께서 우리에게 영적 전쟁을 허락하시고 때로 정복할 분깃들을 주시는 것은 이런 과정을 통해 우리가 영적인 사람이 되고 우리의 영이 강해지기 때문이다. 나 역시 이런 실체들과 대면하고 씨름할 때마다 영적인 권세가 달라지는 것을 현저히 느낀다. 주님께서 붙여 주실 때 싸워 승리하라! 스스로 장수(將帥)라 칭한다고 장수가 되지는 않는다. 장수는 분명한 승리의 업적들이 있는 사람이다. '팔레'(씨름) 하기를 피하지 말라. 샅바를 붙잡고 원수를 등 뒤로 던져라. 정복하는 용사들로 일어나기를 바란다.

이렇게 기도하자!

1 숨어 있던 내적인 적들이 드러나고 떠나가기를 기도하자.

"나도 모르게 일어났던, 불가항력적 죄의 요소들과 그로 인한 영향력들을 보게 하여주옵소서. 주님의 치유하심 안에서 하나님의 형상을 회복하여주옵소서. 나사렛 예수의 이름으로, 내 안팎의 결박들이 끊어질지어다. 빛 가운데 강한 자가 드러나며 떠나갈지어다."

2 하나님 아버지를 아는 계시가 임하기를 구하자.

"지혜와 계시의 영으로 하나님을 더욱 알게 하옵소서. 마음의 눈이 열리고, 부르심을 알고, 우리에게 베푼 능력의 크심을 깨닫게 하옵소서. 연약했던 권위들과 부모님으로 인해 구부러진 아버지상이 있다면 모두 온전하게 회복하여주옵소서. 아버지에 대한 잘못된 계시들이 예수님의 이름으로 떠나갈지어다. 하나님을 오해하게 했던 모든 거짓말이 드러나고 끊어질지어다."

3 부모님을 용서하자. 때로는 무엇을 용서해야 할지 나도 모를 때가 있다. 용서해야 할 일들이 용서되도록 주님의 계시를 구하며 기도하자. 또한 완전한 용서에 이르도록 우리에게 용기와 사랑이 부어지기를 기도하자.

"주님 앞에서 용서를 선택합니다. 이 문제에 대하여 저의 모든 권리를 내려놓겠습니다. 더 이상 그와 그가 행한 일들을 입술로 원망하지 않겠습니다. 나는 죽고 내 안에 예수께서 산 자 되게 하옵소서."

CHAPTER 06

권위의 문제를 통과하라

느헤미야서 6:1

문짝, 권위의 문제

6장부터는 영적 전쟁이 좀 더 고차원적인 국면으로 접어든다. 4장에서 외적인 적과 그로 인한 고난을 만나고, 5장에서 우리를 단번에 전복시킬 수 있는 내적인 적과 싸웠다면, 6장에 이르러서는 외적, 내적, 영적인 모든 대적이 공격해온다.

6장은 사명을 이루어나가는 느헤미야를 향한 대적들의 극렬한 저항을 보여준다. 그들은 온갖 음해와 음모와 속임들로 느헤미야를 기필코 죽이려고 했다. 느헤미야는 '아직 성문에 문짝을 달지 못한 때'로부터 이 모든 일이 진행되었다고 말한다. 성벽의 허물어진 틈이 거의 다 메워져 가는데 아직 성문에 문짝을 달지 못했다. 문이 열려 있다면 언제라도 대적이 들이닥칠 수 있다. 마치 주께서 우리에게 영적 원리를 가르쳐주시려고 의도적으로 이 말씀을 드라마틱하게 배열하신 것 같다.

> 내가 네게 큰 복을 주고 네 씨가 크게 번성하여 하늘의 별과 같고 바닷가의 모래와 같게 하리니 네 씨가 그 대적의 성문을 차지하리라
> 창 22:17

> 또 내가 네게 이르노니 너는 베드로라 내가 이 반석 위에 내 교회를 세우리니 음부의 권세(지옥의 문)가 이기지 못하리라 마 16:18

성경에 등장하는 '문'의 의미 중 하나는 "권세", "권위"이다. 고대 헬라와 히브리 문화권에서 성문은 법령을 선포하는 자리였다. 당시 귀족들은 나라의 중요한 사안들을 나누기 위해 왕궁의 문 앞에 모였다. 왕의 명령은 성문에서 선포되었고 사람들은 그것을 듣기 위해 성문으로 모여야 했다. 성문은 권세와 삶의 권위, 지도자를 상징한다. 본문에 성문이 달려 있지 않았다는 것은 권위자가 없음을 의미한다.

영적 권위를 회복하는 것은 중대한 문제이다. 6장에서 대적들은 이스라엘을 흩기 위해 부단히 느헤미야를 죽이려고 든다. 그들은 모든 수단과 방법을 동원하고 물리적으로나 사회적으로 느헤미야

를 죽이려고 했다. 느헤미야는 각종 음모와 음해, 이세벨의 영의 총공격을 받는다.

권위의 중요성

어둠에게 영적인 문이 열리는 원인들의 깊은 곳에 '권위의 문제'가 있다. 마귀는 외적인 공격을 통해, 때로는 숨어 있던 복병들과 합세하여 하나님의 사람들의 전진을 멈추고 주저앉히려고 한다. 그 치열한 전투에서 마귀가 사용하는 비장의 무기 중 하나가 권위와 질서의 문제이다. 권위자가 없는 사람은 문짝을 달지 않은 성벽의 문과 같다. 대적들과 싸움을 끝내고 승리를 만끽하더라도, 열린 성문으로 언제 적들이 다시 쳐들어올지 알 수 없다. 문이 달려 있지 않기 때문에 안팎의 구분조차 명확하지 않다.

권위는 크게 세 가지로 나눌 수 있다.

- **영적 권위** : 영적 지도자와의 관계
- **가정의 권위** : 가정에서 아버지와의 관계
- **세상의 권위** : 직장의 권위자들과의 관계

강도나 폭행, 성추행처럼 극단적인 상황이 아닌 이상, 원수가 우리 안에 견고한 진을 만드는 근본적인 뿌리에 권위의 문제가 있다. 특별히 태어나서 처음으로 경험하게 되는 가정의 권위로 인한 문제들이 그렇다. 어떤 사람들은 부모님이 돌아가신 지 이미 수십 년이 지났는데, 아직도 부모님을 용서하지 못하겠다고 한다. 권위와 관련된 아픔에서 자유케 되기를 축복한다. 모든 권위는 하나님께로부터 왔다. 질서와 권위는 하나님께서 만드신 제도이다. 권위로 의탁받은 자와 권위를 의탁하는 자들에게는 각각 분깃이 있으며, 그에 따라 상과 벌이 주어진다.

권위자를 위한 기도

사울 왕은 오랜 시간 다윗을 괴롭혔다. 자신의 사위이자 수많은 전투에 나가 승리를 안겨준 이스라엘의 용사 다윗을 어떻게든 죽이려고 했다. 그러나 다윗은 미쳐 날뛰는 왕을 끝까지 죽이려고 하지 않았다. 사울을 죽일 기회가 주어졌을 때에도 그는 사울을 그냥 돌려보낸다. 하나님은 이 모든 인내와 용서의 시간 속에서 다윗과 함께하셨다. 다윗은 가장 악한 권위자에게 쫓기는 시간들을 통과해냈고, 마침내 이스라엘에서 가장 칭송받는 왕이 되었다.

그동안 자신이 만나고 경험한 지도자들을 용서하기 바란다. 부모님, 학창 시절 선생님, 직장 상사, 교회에서 만난 목자나 전도사나 목사 등, 그를 권위로 인정하는 믿음으로 더 성숙하기 위해 기도하자. 적절한 거리를 두며 권위자들과의 관계에 스스로 선을 긋지 말라. 또 권위자들을 피해 다니며 질서와 권위를 인정하지 않으려고 하지 말라. 그리스도의 몸 안에서 각자에게 주어진 자리에 서 있을 때 우리의 잠재력은 몇 배로 자라난다.

비어 있던 자리에 문짝들을 달기 바란다. 죽었던 권위들이 살아나고 관계가 회복되기를 바란다. 지금까지 어떻게 살아왔든지, 말씀을 들었을 때 바로 '그때'가 '이때'가 되게 하라. 무너진 모든 영역을 보수하고 다시 새롭게 걸어가라.

우리는 리더들의 '물리적인 보호'를 위해 기도해야 한다. 리더들이 실제적인 공격을 받지 않도록 중보하자. 뜻밖의 사고 없이 건강하도록 기도하자. 특별히 리더들의 '영적 보호'를 위해 기도해야 한다. 리더가 영적으로 죽지 않도록 기도하자. 원수의 공격에 깨어 있도록 중보해야 한다. 사탄은 한 공동체 전체를 무너뜨리기 위해, 지도자 한 사람을 무너뜨리는 전략을 써왔다.

권위를 죽이려는 공격

산발랏과 게셈이 내게 사람을 보내어 이르기를 오라 우리가 오노 평지 한 촌에서 서로 만나자 하니 실상은 나를 해하고자 함이었더라 내가 곧 그들에게 사자들을 보내어 이르기를 내가 이제 큰 역사를 하니 내려가지 못하겠노라 어찌하여 역사를 중지하게 하고 너희에게로 내려가겠느냐 하매 그들이 네 번이나 이같이 내게 사람을 보내되 나는 꼭 같이 대답하였더니 느 6:2-4

느헤미야를 죽이려고 대적들이 행하는 일을 보자. 산발랏과 게셈은 느헤미야에게 예루살렘과 사마리아의 중간지대에 있는 오노 평지에서 만나자고 한다. 이곳은 사마리아 군대나 아라비아 사람이었던 게셈이 오기 좋은 곳이었다. 복병을 매복해놓고 느헤미야가 오면 죽이려고 한 것이다. 느헤미야는 몇 차례나 사람을 보내어 자신을 오노 평지로 끌어내려는 적들의 속임에 끝까지 응하지 않았다.

하나님나라의 일들은 독불장군 한 사람을 통해 이루어지지 않는다. 주께서 만드신 권위에는 시스템이 있다. 하나님은 모세와 천부장과 백부장과 오십부장과 십부장을 세우셨다. 신약의 교회는 어떠한가? 고린도전서 12장은 "하나님이 교회 중에 몇을 세우셨다"라고 한다. 사도와 선지자와 교사 등의 직임을 맡은 자들이 교회를 이루었다. 당신에게 권위자가 있는가? 사심 없이 나를 권면한다고 믿을 수 있는 지도자가 있는가? 그가 말하면 순종할 수 있는 지도자, 신뢰하는 지도자가 있는가? 없다면 문이 달리지 않은 것이다. 문이 없으면 성벽 틈이 메워졌을지라도 성은 열려 있는 것이다.

창세기 9장에서 노아가 포도주에 취하여 장막에서 벌거벗었을 때, 함이 그것을 보고 알렸고 셈과 야벳은 뒷걸음쳐 들어가 아버지의 하체를 덮고 보지 않았다. 함에게 저주가 임했고 셈과 야벳은 축복을 받았음을 기억하자. 부자(父子) 관계에서도 권위가 저주의 통로가 되기도 하고 축복의 통로가 되기도 한다. 자신의 권위자들을 사랑하고 그의 약점을 덮기 바란다.

최선을 다해 충성했지만 계속해서 권위자들에게 거절당한 경험이 있을 수도 있다. 그로 인한 상처가 있는 사람은 더 이상 권위를 인정하지 않겠다고 결심하기도 한다. 원수는 그 틈을 결코 놓치지 않는다. 하나님이 말씀하실 때까지 권위의 문제를 훈련받으며 통과하라. 또 좋은 권위자를 만나도록 기도하라. 가장 기초적인 권위가 되는 가정에서, 때마다 삶의 각 영역에서 만나는 모든 지도자와의 관계 속에서 하나님을 경외함으로 승리하라.

봉하지 않은 편지

산발랏이 다섯 번째는 그 종자의 손에 봉하지 않은 편지를 들려 내게 보냈는데 그 글에 이르기를 이방 중에도 소문이 있고 가스무도 말하기를 너와 유다 사람들이 모반하려 하여 성벽을 건축한다 하나니 네가 그 말과 같이 왕이 되려 하는도다 또 네가 선지자를 세워 예루살렘에서 너를 들어 선전하기를 유다에 왕이 있다 하게 하였으니 지금 이 말이 왕에게 들릴지라 그런즉 너는 이제 오라 함께 의논하자 하였기로 내가 사람을 보내어 그에게 이르기를 네가 말한 바 이런 일은 없는 일이요 네 마음에서 지어낸 것이라 하였나니 이는 그들이 다 우리를 두렵게 하고자 하여 말하기를 그들의 손이 피곤하여 역사를 중지하고 이루지 못하리라 함이라 이제 내 손을 힘있게 하옵소서 하였노라 느 6:5-9

원수는 실제로 지도자를 죽이려 하고, 한편으로 지도자의 자리가 비어 있게 하려고 한다. 본문에는 봉하지 않은 편지가 나온다. 원래 왕과 왕 사이, 총독과 총독 사이에 서신을 주고받을 때는 반드시 밀봉하고 인봉한다. 그런데 산발랏은 일부러 누구라도 편지의 내용을 볼 수 있도록 편지를 봉하지 않은 채 전달시킨다. 봉인되지 않은 편지는 "산발랏과 도비야와 아라비아 사람 게셈을 포함한 많은 사람이 느헤미야가 자신을 높이려는 야심으로 옳지 않은 일을 행하고 있다는 것을 알고 있으며, 왕도 그것을 안다"라는 거짓 소문을 내기 위한 계책이었다.

느헤미야의 순수한 동기를 음해하여, 마치 그가 왕이 되려고 야욕을 부리고 있다는 왜곡된 정보를 흘리려는 속셈이다. 백성들 사이에 이런 말들이 퍼지면 느헤미야의 권위는 땅에 떨어지게 된다. 뿐만 아니다. 바사의 왕이 분노하며 자신들을 멸할지도 모른다는 두려움에 하나님의 백성들이 모두 흩어질 수도 있었다. 느헤미야는 전에 없이 더욱 간절한 기도를 드린다. 어떤 공격에도 침착하고 담대했던 그가 "이제 내 손을 힘있게 하옵소서"라고 간구한다.

근거 없는 말로 권위를 음해하는 것은 마귀의 전략이다. 지도자를 불신하게 만드는 교묘한 쓴 뿌리 전술도 있다. 우리가 하나님나라를 위해 열심히 달려갈 때, 마귀는 지도자들에 대한 쓴 뿌리와 같은 말들을 만들어 퍼뜨린다. 그런 이야기를 들으면 타오르던 열정과 열심이 꺾인다. '내가 남에게 좋은 일을 하고 있나?', '내가 사람에게 속아 잘못된 길을 가고 있나?' 이런 생각들로 주님을 바라보면서 드린 자신의 헌신이 순간적으로 허무하게 느껴진다. 하나님은 우리가 사랑으로 섬겼던 일들을 기억하고 책임지신다. 그러나 쓴 뿌리의 말은 하나님을 바라보지 못하게 한다. 주(主)를 위했던 순종이 사람의 일이 되고, 마음속 성문에 문짝이 떨어져 나가거나 빗장이 열리게 된다.

내가 전도사로 첫 사역지에 부임한 때는 11월이었다. 당시에는 크리스마스 새벽송이 중요한 연례행사였다. 담임목사님은 나를 어느 그룹에 배정해서 새벽송에 동참하게 하셨다. 기쁘고 감사한 밤이었다. 그런데 함께하는 그룹 안에서 듣게 된 이야기들 때문에 마음이 불편해지기 시작했다.

"아유, 전도사님, 왜 목사님이 우리 그룹에 보내셨어? 우리 감시하라고 보내신 거야? 사실 우리는 다 찍혔거든."

처음 나누는 인사치고는 너무 부정적이었다. 내내 원망과 불평이 묻어나는 농담이 오갔다. 이제 막 사역을 시작한 목회 초년생인 내게 교회의 치부를 드러내는 듯한 말들을 자꾸만 흘리셨다. 그날 새벽, 집으로 돌아와서 잠이 들었을 때 하나님께서 선명한 꿈을 주셨다. 아주 깨끗한 연못이 있었고 그 안에 활기차게 움직이는 물고기들이 있었다. 그런데 연못의 5분의 1 정도가 둑으로 막혀 있고, 그 속에 병든 물고기 몇 마리가 보였다. 꿈에서 깨며 '그들이 막힌 둑 안에 있는 병든 물고기와 같은 사람들이었구나' 하고 깨달아졌다.

밀봉되지 않은 편지와 같이 흘리는 말들은 여운을 남긴다. 처음에는 사실이 아니라고 부인하더라도 순간순간 떠올라 곱씹게 된다. 결국 나도 모르게 마음에 심겨진 그 말들을 하게 된다. 이것은 아주 중요한 영적 원리이다. 형제들에 대한 근거 없는 비방에 동참하지 않기를 바란다. 질서와 권위에서 나를 분리시키는 교묘한 소리에 귀를 닫으라. 하나님을 향한 순수한 동기와 열정이 원수들의 장난질에 훼손되지 않기를 바란다.

밀봉되지 않은 편지를 흘리는 것은 마귀가 하는 짓이다. 우리의 순수한 동기를 예수님의 보혈로 덮고, 사람이 아니라 하나님만 바라보며, 하나님께서 시키신 일은 두려워하지 말고 하자.

영적인 미혹의 공격

느헤미야서 6장 10-14절에는 지도자를 향한 영적인 미혹이 등장한다. 이는 이세벨의 영의 공격이다.

이 후에 므헤다벨의 손자 들라야의 아들 스마야가 두문불출 하기로 내가 그 집에 가니 그가 이르기를 그들이 너를 죽이러 올 터이니 우리가 하나님의 전으로 가서 외소 안에 머물고 그 문을 닫자 저들이 반드시 밤에 와서 너를 죽이리라 하기로 내가 이르기를 나 같은 자가 어찌 도망하며 나 같은 몸이면 누가 외소에 들어가서 생명을 보존하겠느냐 나는 들어가지 않겠노라 하고 깨달은즉 그는 하나님께서 보내신 바가 아니라 도비야와 산발랏에게 뇌물을 받고 내게 이런 예언을 함이라 그들이 뇌물을 준 까닭은 나를 두렵게 하고 이렇게 함으로 범죄 하게 하고 악한 말을 지어 나를 비방하려 함이었느니라 내 하나님이여 도비야와 산발랏과 여선지 노아댜와 그 남은 선지자들 곧 나를 두렵게 하고자 한 자들의 소행을 기억하옵소서 하였노라

느 6:10-14

우리는 이 본문에서 두 가지의 중요한 문제를 보아야 한다. 첫 번째는 말 그대로, 거짓 선지자의 거짓 예언이다. 이것은 이 자체가 악한 것이다. 그러나 우리는 거짓 예언이 의도하는 바를 반드시 볼 수

있어야 한다. 대적들은 거짓 예언을 통해서 느헤미야가 죄를 짓도록 만들려고 했다.

10절의 '외소'에 주목하자. 외소에 함부로 들어가는 것은 율법에 어긋나는 일이었다. 그런데 원수들은 느헤미야를 외소로 들어가도록 유인한다. 봉하지 않은 편지의 내용처럼, 느헤미야가 스스로 왕이 되려 한다고 보이도록 유도한 것이었다. 느헤미야 속에 '나는 괜찮아'라는 특권의식이 있었다면 그도 실수했을지 모른다. 특권의식은 자신도 모르게 범죄에 가담하게 만든다. 원칙을 중요하게 여기는 사람이 되기 바란다. 교회부터 기준과 원칙이 있는 하나님의 나라로 회복되어야 한다. 기준과 원칙을 무너뜨리는 특권을 부여하는 것은 원수들이 붙잡을 빌미가 된다. 더 나아가 본의와 상관없이 영적 간음에까지 이르게 한다. 바로 거짓 선지자 이세벨이 하는 짓이다.

어떤 사람들은 외적인 적들의 공격에 맞서 싸워 승리하고, 내적인 적들도 쫓아내며 성벽을 굳건히 세운다. 그런데 그만 가짜 선지자에게 문을 열어줌으로써 어둠에 자신을 내어주는 경우가 있다. 얼마나 안타까운 일인지 모른다. 진리를 분별할 수 있기를 바란다.

이세벨의 영

이 본문의 또 다른 핵심은 이세벨의 영이다. 산발랏과 도비야에게 뇌물을 받고 거짓 예언을 하며 자기 유익을 위해 영적 직위를 이용하는 거짓 선지자들을 보라. 이들은 느헤미야를 거짓 예언으로 두렵게 하고 미혹하여 영적으로 더럽히려 했다. 이세벨의 영은 이렇게 하나님의 사람이 원수의 올무에 빠지도록 속이고 조종한다. 외적인 적 그리고 내적인 적과 싸우면서 권위와 질서의 문짝을 달기에 이르렀을 때, 이 문짝을 그들의 뜻대로 열고 닫으며 조종하려 하는 것이다. 고난을 통과하고 숨은 복병에게 승리하며 위대한 사명을 이룰 것 같았는데, 이세벨의 영에 붙들리면 하나님나라가 아닌 어둠의 나라에 문을 열게 된다.

12절의 '깨달은즉'을 기억하라. 느헤미야는 원수의 교묘한 공격에 끌려가지 않고, 분별하여 깨달음으로 승리한다. 영적 상황과 상태를 깨닫는 지혜가 임하기를 기도하자. 느헤미야가 이 모든 상황을 뚫고 나아갈 수 있었던 것은 뱀 같은 지혜와 비둘기 같은 순결함을 충만히 받았기 때문이다.

이세벨의 유래와 역사

'이세벨'의 의미는 "숭고한, 정숙한, 고상한"이다. 아이러니이다. 왜냐하면 이세벨의 영은 예배자와 중보자들처럼 하나님의 순결한 신부로 설 자들을 우상에게 데려가 더럽히는 영이기 때문이다.

열왕기상에 등장하는 이세벨은 시돈 왕 엣바알의 딸이다. '엣바알'은 "바알과 함께"라는 뜻이다. 이세벨의 아버지의 이름 자체가 "바알의 사람"인 셈이다. 그런데도 이스라엘은 정치적 야합 때문에 이세벨을 왕비로 삼았다. 아합 왕의 왕비로 이세벨이 들어오면서, 이스라엘은 하나님과 바알을 헷갈려 하기 시작한다. 이세벨은 하나님의 선지자들을 닥치는 대로 죽였고, 엘리야는 도망 다니며 활동했다.

열왕기상 18장의 대격돌을 보라. 이스라엘 백성은 이세벨에 의해 혼미해졌고, 바알을 하나님으로 여기게 되었다. 엘리야는 갈멜산에 온 이스라엘 백성을 모아놓고 바알과 아세라를 섬기는 850명의 선지자에 맞서 홀로 대결을 벌인다. "이제 선택해라! 바알과 여호와 중에 누가 참 하나님인지 시험하자. 여호와여, 이 백성에게 주께서 하나님이신 것과 주는 그들의 마음을 되돌이키심을 알게 하옵소서!" 주님은 엘리야가 쌓은 제단에 불을 내려 번제물을 사르신다. 누가 참 하나님이신지 온 이스라엘이 보게 되었다.

요한계시록 2장 20절에도 "자칭 선지자라 하는 여자 이세벨"이 등장한다. 이는 한 사람의 실제 이름이라기보다 선지자인 척하면서 하나님의 종들을 행음케 하는 사람을 가리키는 표현이라고 볼 수 있다. 이렇게 거짓, 조종, 그리스도의 교회를 간음케 하는 영, 진리를 왜곡시키고 속이는 영, 거역하고 반역하는 영을 총칭해서 '이세벨의 영'이라고 한다.

이세벨의 영의 특성

1. 거짓의 영

이세벨의 영은 거짓의 영이다. 요한계시록 2장 20-29절은 이세벨을 "자칭 선지자라 하는 여자"라고 말한다. 어느 교회도 그를 선지자로 인정한 적 없는데 스스로 선지자가 되어 스스로 예언을 말한다. 거짓말을 해도 아무도 분별해줄 사람이 없고, 결국 하나님의 종들이 우상의 제물을 먹게 한다. 은사가 있을 수 있다. 예언적으로 말할 수도 있다. 그러나 그가 하는 말들을 정직과 거룩의 영으로 분별할 공동체와 권위가 없고, 분명하지 않은 일들과 거짓이 있다면, 이세벨의 영에 열렸다고 볼 수 있다.

2. 분열과 조종의 영

이세벨의 영은 분열과 조종의 영이다. 먼저는 하나님과 우리 사이를 분열시킨다. 또한 부부, 친구, 동역자들의 관계를 분열시킨다. 이세벨의 영으로 행하는 자들을 보면, 매우 영적인 삶을 사는 듯하다. 그들의 이야기에는 영적 체험이 있고 감동도 있다. 그러나 함께 시간을 보내고 어울리며 그들의 말을 따르다보면, 실상 하나님과 멀어지게 되고 주님의 뜻을 알지 못하는 혼미함에 빠지게 된다. 이스라엘 백성들이 바알과 아스다롯이 하나님인지, 여호와가 하나님인지 헷갈리듯이 말이다.

이세벨의 영은 또한 조종한다. 아합 왕을 조종하여 자신의 뜻대로 이스라엘을 운영하려 했던 이세벨을 보라. 아합은 자기 뜻이 무엇인지 스스로 깨달을 수도 없었다. 사랑하는 부부 사이에도 지나치게 자기 의견만 주장한다면, 본의 아니게 조종의 영이 틈탈 수 있다. 가끔 남편이나 아내의 눈에 서로가 하는 일이 못마땅해 보일 수 있다. 그런데 이럴 때라도 '하얀 거짓말'을 하며 조종하는 것이 지혜롭다고 생각해서는 안 된다. 지혜로운 사람은 뱀 같은 지혜로움과 비둘기 같은 순결함으로 행한다. "예" 할 때와 "아니오" 할 때를 알며, 놓아줄 때와 놓지 말아야 할 때를 아는 사람이다.

자신의 뜻이 관철될 때까지 감정에 호소하며 매달리거나 조르거나 협박하거나 여러 사람을 동원하여 반복적으로 말하는 것은, 상대를 연약하게 만들어 조종하려는 이세벨의 역사의 시작이 된다. 하나님을 신뢰하고 하나님께 맡겨라. 거짓말까지 하며 내 뜻대로 억지로 분위기를 만드는 것을 지혜롭다고 여기지 말라. 하나님의 지혜는 순결하다. 조종하려 드는 습관과 기질이 끊어지기를 바란다.

특별히 기억하라. 조종해서 키운 자녀들은 위대해질 수 없다. 물론 어느 시점까지는 조종을 통해 어느 정도의 위치까지 데려다놓을 수 있다. 그러나 사람은 영적인 존재이다. 우리는 영적 원리에 영향을 받게 되어 있다. 결국 그 자녀는 '나는 누구지? 왜 나란 존재는 없지?' 하는 고민에 빠지고 내면이 붕괴되기 시작한다. 자아가 무너지고 삶을 결정할 능력과 이유, 살아갈 소망을 잃게 된다. 조종을 통해서 조작된 삶을 살았기 때문이다. 자녀를 양육할 때 이런 조종의 일들이 벌어지지 않도록 주의하라. 쉽지 않더라도, 분명하게 진정성 있는 대화를 나누어야 한다.

3. 사술의 영

이세벨에 사로잡힌 사람은 대부분 영적인 예민함을 갖고 있고, 때로는 아주 그럴싸하게 예언적 은사를 드러내기도 한다. 그러나 얼마나 신령해 보이는가와 상관없이 하나님의 성품과 진리에서 벗어나 있다면, 사술(邪術)의 영의 역사이다. 사술의 영은 우상숭배하게 하는 영이다. 하나님으로부터 오지 않은 영적 기능이 주님을 가리고, 그분 자체가 아닌 부산물들을 구하고, 사람을 향하게 한다. 진리를 향한 열정은 식고 내게 유익을 주는 우상들이 하나님의 자리에 놓이게 된다. 말씀을 따르는 것이 버겁고, 하나님이 아닌 대상을 사랑하게 되는 것이다. 이스라엘도 그렇게 우상숭배에 빠지게 되었다.

여기서 더 극단적으로 가면 '음란'이 열리게 된다. 바알과 아스다롯은 농경의 신이었다. 그들은 남신과 여신이 서로 사랑을 하여 비를 내려주고 풍요를 준다고 믿었다. 바알과 아스다롯의 신전에서는 여사제와 남자들의 성행위가 예배로 행해졌다. 더러운 음란의 종교이다. 아합과 이세벨은 온 이스라엘이 하나님이 아닌 것들을 사랑하게 만들고 음란에 빠지게 했다.

디모데후서 3장은 '말세에 고통하는 때'에 대해 말한다. 많은 현상 중에 "여러 가지 욕심에 끌린 바 되어 항상 배우나 끝내 진리의 지식에 이르지 못하는" 여자가 나온다. 오늘날에도 교회 안에서 진리를 탐구하려 하지만 깨닫지 못하는 자들을 본다. 그들은 많은 세미나들을 찾아다니며 여러 이야기들을 계속해서 듣는다. 그러나 그의 속사람과 삶에 진리의 말씀이 서 있지 않다. 귀를 즐겁게 하는 말을 들으려고 자기의 사욕을 채워줄 선생에게 모이며, 그들의 허탄한 이야기를 따르기 때문이다. 진리는 주님과 주님의 계명을 더욱 사랑하게 한다. 예수님과 상관없는 이야기는 진리와도 상관이 없다. 수많은 메시지 속을 헤매며 열심히 말씀을 찾아서 듣다가, 오히려 이세벨의 영에 더럽혀질 수 있다.

이단에 빠진 사람들을 보면, 이성적으로 이해하기 힘든 경우가 있다. 그들 중에는 상당한 지식인도 많다. 그런데 기본적인 상식 수준에서도 납득이 되지 않는 가르침을 따라가고 있다. 왜 그런가? 이세벨의 영에 더럽혀지기 시작하면, 분별력을 잃고 영적으로 둔해져 제대로 된 판단을 내리기 어렵다.

사술의 영과 우상숭배의 영은 항상 같이 온다. 이세벨은 사술과 우상숭배의 영이다. 사술은 영적, 신비적 요소이고, 우상은 음란을 의미한다. 왜 하나님은 우상숭배를 간음이라고 말씀하셨을까? 우리는 한 분 하나님만 사랑하게 되어 있다. 하나님이 아닌 또 다른 대상을 사랑하는 것은 또 다른 남편, 또 다른 아내를 둔 것과 같다. 하나님은 가정이라는 제도를 통해 창조 원리를 설명하신다. 모든 우상숭배는 음란의 열매를 맺는다.

4. 사특함의 영

이세벨의 영은 사특함의 영이다. 이는 기복주의와 샤머니즘의 요소들을 의미한다. 생명을 살리는 일과 상관없는 개인적 이익 또는 사심을 위해 영적 기능을 쓴다면, 이는 사특한 짓이다. 하나님나라와 관계없는 야심과 욕망을 이루기 위해 영적 권세를 사용해서는 안 된다. 우리의 기도와 예언 사역이 사특함과 구분되어, 그의 나라와 의에 연결되어 있기를 바란다.

이세벨에게 열리는 이유

1. 타협과 야합으로 인한 변질

타협과 야합은 우리 내면의 성벽 안으로 이물질이 들어오게 하는 행위이다. 한 번 시작된 타협은 반복을 거듭하며 계속해서 이물질들을 쌓아가고 그로 인한 변질을 일으키는데, 이 변질된 요소들이 어둠에 문을 연다. 빛과 어둠이 동시에 공존하는 상태가 되는 것이다.

특별히 돈을 사랑하는 것에 주의하라. 탐욕을 이기지 못하는 자들은 대적과 손을 잡아서라도 욕심을 채우려고 한다. 6장 본문에서도 거짓 선지자들이 돈을 받고 느헤미야에 대해 거짓으로 예언하는 장면이 나온다. 하나님의 축복으로 많은 사람을 섬기며 많은 일을 감당할 수 있다면 감사한 일이다. 그러나 돈을 사랑해서는 안 된다. 돈을 사랑하면 돈에 매인다. 우리는 돈에 매인 자가 아니라 돈을 다스리는 자이다. 하나님은 "은도 내 것이요 금도 내 것"이라고 말씀하셨다. 주님은 물질을 다스리는 권세를 주신다. 우리가 돈을 사랑하지 않아야 하나님께서 그분의 나라를 위해 권세를 맡기실 것이다.

2. 참과 거짓이 섞임

진리 체계가 분명히 잡혀 있지 않은 상태에서 영적 체험들이 열리면서 참과 거짓이 섞일 때 이세벨의 영에 열릴 수 있다. 은사나 어떤 영적 현상이 나타나는 상황이라도 실제로는 영이 아닌 혼의 작용으로 인한 경우가 있다. 거듭난 우리의 영이 성령과 더불어 활동해야 하는데, 혼이 영의 기능들을 흉내내는 것이다. 이런 상황에서 이세벨의 영이 틈타기 쉽다.

또한 잘못된 교리와 영적 지식들이 진리를 대체해버릴 때 이세벨의 영에 문이 열린다. 나는 이런 위험한 이야기들을 들은 적이 있다. "목사님, 제가 구원파 모임에 가보니까, 거기도 몇 가지는 쓸 만합니다", "목사님, 내가 신천지에서 성경공부를 좀 해봤는데, 어떤 내용들은 꽤 좋습니다." 이런 생각들을 모두 버리기 바란다. 부흥의 시작은 말씀이다. 진리 체계를 분명하고 견고하게 세워놓아야 비진리가 틈타지 못한다. 이세벨의 영은 진리를 가리고, 혼미함으로 말씀을 바로 취하지 못하게 한다. 아무리 그럴듯해 보이더라도, 이세벨의 영은 진리 앞에서 드러날 어둠일 뿐이다.

3. 탐욕, 더러운 심령

심령이 깨끗하지 않은데 영적으로 열리면 이세벨이 틈타게 된다.

그래서 내적인 적을 처리하는 것이 중요하다. 특별히 부정직하고 뻔뻔한 양심을 통해 이세벨의 영이 역사한다. 우리의 내면을 더럽히는 모든 것으로부터 날마다 깨끗하게 되기 바란다.

4. 권위, 지도자가 없음

권위가 없을 때 이세벨에 열린다. 우리는 이 문제를 심각하게 인식하고 있어야 한다. 만약 권위가 없는 상태에서 영적인 현상과 체험이 시작되었다면, 차라리 열려 있는 영적인 문들을 닫는 것이 좋다. 거짓과 속임에 능한 어떤 어둠의 영이 다가올지 알 수 없기 때문이다. 더욱이 이것은 당사자 한 사람만의 문제가 아니다. 이세벨의 영이 한 번 틈타면, 이후 자손들까지 사술의 영에 열릴 수 있다. 영적인 세계를 건강하게 열어줄 수 있는 권위자들이 있기를 바란다. 권위자 없이 영적 세계를 경험하다보면, 나도 모르던 내 안의 쓴 마음들 때문에 많은 경우 이세벨의 영에 잡히게 된다.

이세벨은 선지자로 자처한다. 질서를 무너뜨리고 권위를 없애려한다. 반역의 영이다. 대적들에게 닫혀야 할 문을 열고, 우리를 위해 열려야 할 문은 닫으며, 하나님의 백성들을 조종 속에 가두려 한다. 주님이 자신의 생애에 좋은 권위를 주시도록 기도하라. 문짝을 부수고 빗장을 여는 이세벨에게 결코 지지 말고, 용서와 사랑으로 권위자와 축복의 관계를 맺기 바란다.

이세벨의 영이 하는 일

1. 참 선지자를 죽인다

이세벨은 아합 시대에 하나님의 종들을 죽였다. 이세벨의 영은 하나님의 중보자들과 선지자적인 사람들을 죽이는 것을 가장 큰 목적으로 삼는다.

이세벨의 영으로 사역하는 사람들이 처음부터 악한 사람은 아니었다. 그들은 오히려 선지성(先知性)이 있는 자들이다. 다만 앞서 다룬 여러 이유들 때문에 그들이 가진 영적 민감함을 어둠이 빼앗아 이용하기 시작한 것이다. 선지자적인 부르심과 사명을 받은 사람이 있다면, 반드시 이세벨의 영을 이기기 바란다. 영적 민감함은 마치 중립지대와 같다. 어둠에 조종당할 것이 아니라, 성령에 민감하게 반응하는 자가 되기를 바란다. 반드시 진리를 견고히 세우고 자신을 깨끗하게 하라.

2. 우상숭배와 영적 간음

이세벨의 영은 우상숭배와 영적 간음으로 우리를 이끌어가는 역할을 한다. 하나님을 빙자하여 다른 대상을 사랑하게 하는 것이다. 이는 가족이나 동역자일 수도 있고, 존경하는 리더십이나 멘토의 역할을 해주는 누군가, 또는 열정을 다해 섬기는 사역의 자리일 수도 있다. 어느 것이든 성경 말씀에서 벗어난 애정과 열심이라면 그것은 우상숭배이다.

3. 혼합주의, 진리 왜곡

이세벨의 영은 혼미함을 가져오며 영적 혼합주의를 풀어놓는다. 이세벨이 틈타는 사람들은 대개 영적으로 민감한 사람들인데, 이세벨의 영은 진리를 왜곡하고 굴절시켜서 그들의 예민함이 하나님을 향해 작동하지 못하게 한다. 특별히 우리 안에 상처를 통해 진리가 바로 서지 못하도록 교묘하게 역사하는데, 하나님에 대해 오해하게 하거나 내가 바라는 상황에 맞추어 말씀을 보게 하기도 하고, 종국에는 진리에서 떨어져 이단에 빠지게도 한다. 작은 부분이라도 혼합주의적 신앙의 모습이나 분명하지 않은 신학적 기준들을 발견한다면, 모두 걷히도록 기도하라. 왜곡된 진리는 시간이 흐를수록 삶의 다른 기준들까지 잠식해 간다. 말씀을 말씀 그대로 읽고 묵상하기 바란다.

4. 지도자를 죽이고 공동체를 파괴한다

이세벨의 영의 역할 중 하나는 지도자를 대적하고 죽이려 한다는 것이다. 본문의 거짓 선지자 역시 지도자를 죽이려는 일에 가담했음을 볼 수 있다. 이세벨의 영이 역사하는 자들을 보면, 지도자를 공격하는 무리를 만들고 공동체가 깨어지게 만든다. 이런 자들은 권위자들의 약점을 잘 찾아내고, 권위에 도전하는 기회를 만들려고 한다. 그들의 관심은 지도자 한 사람의 연약함을 넘어서 공동체를 흩는 것으로 향한다.

이세벨의 결과

열왕기하에는 이세벨의 비참한 죽음이 기록되어 있다. 이세벨은 창밖으로 던져져 죽임을 당했고, 개들이 그 시체를 먹어 치워서 온전히 장사할 수도 없었다. 요한계시록에도 이세벨의 최후가 표현되어 있다.

또 내가 그에게 회개할 기회를 주었으되 자기의 음행을 회개하고자 하지 아니하는도다 볼지어다 내가 그를 침상에 던질 터이요 또 그와 더불어 간음하는 자들도 만일 그의 행위를 회개하지 아니하면 큰 환난 가운데에 던지고 또 내가 사망으로 그의 자녀를 죽이리니 모든 교회가 나는 사람의 뜻과 마음을 살피는 자인 줄 알지라 내가 너희 각 사람의 행위대로 갚아 주리라 계 2:21-23

"침상에 던진다", "큰 환난에 던진다", "사망으로 그의 자녀들을 죽인다"라는 말들이 경고하는 바가 있다. '침상에 던진다'라는 표현은 질병과 관련된 저주를 의미한다. 이어지는 '큰 환난'은 피할 수 없는 재앙 같은 고난이며, 그 마지막에는 잔혹한 죽음이 있다. 이 이세벨에게 우리를 내어주면 죽음의 영에 열리게 된다.

이세벨을 이기면 상급이 있다

우리는 지금 느헤미야서 6장, 문짝을 달아야 하는 때에 머물러 있다. 거룩을 가장한 어둠의 영이 문을 넘나들어 또 다른 어둠의 영을 불러들이지 않도록 이세벨과의 싸움에서 반드시 승리하기를 축원한다. 질서에서 멀어져 가야 할 길을 함께 바라봐줄 권위와 분리되게 하고, 쓴 뿌리로부터 나오는 말들로 스스로를 더럽히며, 욕심에 빠져 진리를 깨닫지 못하게 하는 이세벨의 영의 모든 영향력을 끊어내자.

다만 너희에게 있는 것을 내가 올 때까지 굳게 잡으라 이기는 자와 끝까지 내 일을 지키는 그에게 만국을 다스리는 권세를 주리니 그가 철장을 가지고 그들을 다스려 질그릇 깨뜨리는 것과 같이 하리라 나도 내 아버지께 받은 것이 그러하니라 내가 또 그에게 새벽별을 주리

라 계 2:25-28

이세벨의 영과 싸워 승리하는 것은 그 자체가 축복이다. 그러나 예수님은 이세벨을 이기는 자에게 특별히 다스리는 권세가 주어진 다고 하셨다. 또한 이세벨을 이기면 새벽별을 받는다고도 하신다. 새벽별은 성경에서 예수 그리스도로 비유된다. 이것은 지혜와 계시 의 은총을 의미하기도 한다.

권세는 하나님께서 우리를 높여주심을 말한다. 주님은 우리가 주님의 일을 감당할 수 있도록 왕권을 주신다. 이들은 하나님과 독 대할 줄 아는 자들이다. 다윗을 보라. 그의 주변에는 항상 신령한 선지자들이 있었다. 언제든지 선지자를 통해 하늘의 이야기들을 들 을 수 있었다. 그러나 다윗은 그의 삶과 나라를 운영하는 데 있어서 선지자의 말에만 의지하지는 않았다. 다윗은 스스로 주님의 마음 을 알기까지 하나님 앞에 머물렀다. 심지어 나단이 찾아와 밧세바 와 동침하고 우리야를 죽인 일로 그의 치부를 드러낼 때도, 다윗은 나단으로부터 정죄받지 않았다. 그는 오직 하나님께 나아갔다. 사 람 앞에 서기 전에 하나님 앞에 섰다. 그의 모든 기쁨과 슬픔과 승 리와 실패를 주님 앞에 가져갔다. 다윗은 통회하는 심령으로 이렇 게 기도했다.

내가 주께만 범죄하여 주의 목전에 악을 행하였사오니 주께서 말씀

하실 때에 의로우시다 하고 주께서 심판하실 때에 순전하시다 하리이다 시 51:4

20년이 넘게 사역하며 하나님과 소통하지 못하여 열어야 할 문을 닫아버리고 닫아야 할 문을 열어버리는 안타까운 경우를 여러 번 보았다. 인생의 중대한 문제를 놓고 고민하며 기도할 때, 다른 사람의 말을 결정의 일순위 요인에 놓지 말라. 하나님과 독대하여 소통하는 것이 우선이다. 선지자와 같이 기도와 예언적 은사로 우리를 돕는 자들의 이야기는 그 후에 참고할 말들이다. 과거의 일들이나 비밀한 내 속마음을 꿰뚫어 보는 자의 말이라고 해도, 내 안에서 말씀하시는 성령님의 소리보다 우선될 수는 없다.

누군가에게 기도를 받고 투자를 하거나 사업을 시작했다가 큰 어려움을 당한 성도들을 여럿 알고 있다. 그들이 누구를 탓할 수 있을까? 이세벨의 영을 이길 때 오는 왕권을 받은 자들은 바로 이 점이 철저하다. 느헤미야처럼 하나님과 소통할 수 있어야 거짓과 어둠의 영에 속거나 조종당하지 않는다. 하나님은 우리에게 왕권을 주시기 원하신다. 주님 앞에 나아가 독대하는 자들에게 주님은 당신의 마음을 깨닫게 하시며 능력을 나누어주신다.

이세벨을 이기면 예수님과의 깊은 사랑과 왕권이 열린다. 새벽별이신 예수님과 동행하며 주님의 왕권으로 위대한 소원을 이루어가기를 축복한다. 주님 나라의 부속품을 사랑한 것을, 주님을 사랑한 것으로 착각하지 말라. 이세벨은 신랑이 아니라 신랑의 소유들을 사랑하도록 우리의 시선을 빼앗으려 하지만, 그를 이긴 자는 온전한 사랑과 그 안에서의 능력을 경험할 것이다. 그 무엇에게도 예수님을 사랑하는 마음을 빼앗기지 말라. 주님의 온전한 사랑 안에 거하며, 그가 주신 권세 가운데 부르심의 길을 흔들림 없이 걸어가기 바란다.

이렇게 기도하자!

1 권위자들을 용서하는 기도를 하자. 돌아가신 지 수십 년이 지난 부모님이나 오래 전에 만난 지도자라 할지라도, 내 안에 걸리는 사건이나 감정들이 떠오른다면 다시 용서를 고백하고 원망을 끊어내며 자유를 선포하자.

"하나님, 제가 다시 용서를 선택합니다. 제 안에서 원망의 소리와 억울함이 더 이상 저를 묶어놓지 않기를 원합니다. 이제 지나간 모든 아픔과 고통에서 저를 새롭게 하소서."

2 쓴물로 더럽혀지고 중도에 꺾여버린 마음이 씻기고 회복되기를 기도하자.

"봉하지 않은 편지와 같이 흘러나온 쓴 뿌리의 말들이 순수한 열정과 헌신을 무기력하게 만들었습니다. 하나님을 바라보며 드렸던 모든 헌신을 사람에게 속은 것, 실패한 것이라고 조소하는 소리를 이제 거절합니다. 제가 가야 할 길을 다시 걸어갈 용기와 열정을 회복하여주옵소서."

3 미혹의 흔적과 영향력들이 분별되고 끊어지도록 기도하자.

"문이 아닌 것을 문처럼 매달아놓았다면, 분별하게 하여주옵소서. 예수님께 속하지 않은 모든 어둠의 영은 강도이며 대적임을 고백합니다. 원수들이 드나드는 거짓의 문들이 드러나며 닫히게 하옵소서. 모든 미혹의 영의 속임과 영향력들이 나와 내 가정에서 끊어질지어다!"

4 우리를 조종하는 모든 종류의 압력으로부터 자유하기를 기도하자. 특별히 옳고 그름을 판단할 수 없도록 일방적이고 강압적인 교육과 맹신의 요구들이 있었다면 그 영향력에서 회복되기를 기도하자.

"주님, 하나님보다 의지하고 있는 누군가 또는 그 무엇으로 인하여 제가 조종받고 있다면, 그것들을 모두 끊어주십시오. 주님, 주님과 소통하고자 하는 제 마음과 선한 의지를 꺾어버린 일들이 있습니다. 그 모든 영향력이 이제 끊어지게 하옵소서."

5 하나님과 독대하는 자가 되기를 기도하자. 나의 연약함을 숨기거나 부인하지 않고 주 앞에 가지고 나아가는 용기와 담대함이 부어지도록 기도하자.

"주님, 다윗처럼 사람 앞에서 수치를 당할까 봐 두려워하거나 스스로 부끄러워하기보다, 주 앞에 나아가 통회할 수 있는 용기와 담대한 믿음을 부어주옵소서. 나는 여호와께만 범죄하였다고 고백하며 나아갑니다. 어느 누구에게도 조종받지 않게 하소서."

6 이 나라와 민족을 위해서 기도하자. 국가적인 이세벨의 영의 역사로 이 나라의 다음 세대들이 분별력을 잃고 혼미케 된 상황을 파쇄하며, 그들에게 새벽별이 비취도록 강력히 기도하자.

"주님, 이 나라가 주님만 사랑하게 하소서. 새벽별 되시는 예수 그리스도와 동행하며 주님의 진리만 붙들게 하소서. 특별히 조종으로 인해 자아가 무너진 다음 세대들을 주의 보혈로 씻으시고 주 안에서 삶의 소망을 회복케 하소서."

목적 있는 삶을
살라

느헤미야서 7:1-8, 61-73

성문의 안팎이 구별되다

7장의 시작은 드라마틱하다. 문짝이 달리지 못했다고 하면서 시작
된 6장 1절과, 문짝을 다는 것으로 시작되는 7장 1절의 배열을 보
라. 지도자를 죽이려던 6장의 공격에서 이스라엘이 승리하자 주님의
전을 지키는 레위인들과 하나님을 경외하는 지도자들이 세워진다.

문짝이 달린 것은 성문 안과 밖이 완전히 구별되었음을 의미한
다. 우리 영혼의 성벽도 마찬가지이다. 세상과 구별되는 성벽이 우
리 안에 세워져 있어야 한다. "이 바닥에서 일하는 방식이 따로 있습
니다", "사회생활을 위해서 이 정도는 해야 합니다" 이런 성문 밖 세
상에 속한 생각들이 우리의 내면 밑바닥에 깔려 있지 않은가? 바벨

론에 부응하려는 마음도, 바벨론에 기대려는 마음도 모두 버리기를 축복한다. 세상에서 등을 돌려 하나님만 바라보고 그분만 의지하라. 인생의 목적을 알게 하시는 주님이 도움을 구하는 우리의 손을 잡아주신다.

문짝을 달고

마침내 문짝이 달렸다. 느헤미야는 문짝을 달자마자 문지기를 세우고 이렇게 당부했다.

해가 높이 뜨기 전에는 예루살렘 성문을 열지 말고 아직 파수할 때에 곧 문을 닫고 빗장을 지르며 느 7:3

느헤미야는 아침이 밝아오면 열어야 할 문을 해가 중천에 뜨기까지 열지 말라 하고, 또한 저녁 파수꾼이 오기도 전에 미리 성문을 닫으라고 한다. 한마디로 철통같이 보안하라는 것이다. 이런 조치는 6장 16-19절에 나오는 적과 내통하는 자들 때문이었다. 앞서 3장을 보면, 성벽 재건에 참여하지 않는 귀족들이 등장한다. 이들은 이스라엘의 대적과 계속 내통하고 있었고, 막판에는 서로 사돈을 맺으며 야합을 꾀하였다. 그래서 느헤미야는 모든 것이 밝히 드러나는 해가 있을 때 성문을 열고 닫을 것을 명했다. 적과의 내통을 끊으라는 것이다.

문짝이 달리기 전에는 밤이나 새벽 미명에 적들이 들락날락할 수 있었다. 그러나 성벽이 중수되고 성문이 달리며 파수꾼들이 세워져서 철통같이 지키니, 원수가 들어올 틈이 없어졌다. 외적인 적들도 정보를 캐낼 수 없고, 내적인 적들도 외부로부터 도움을 받을 수 없게 되었다.

내적 충만함을 가져라

느헤미야서 7장의 첫 번째 주제는 내적인 충만함을 가지라는 것이다. 느헤미야가 성벽을 완성하고 문짝을 단 후에 한 일은, 이제 그 성에 살 사람들을 정하고 그들을 이주시키는 것이었다. 각 사람과 가정의 부르심과 은사에 맞는 자리를 배치하여 성 안을 채우는 일이 시작되었다.

성벽이 건축되매 문짝을 달고 문지기와 노래하는 자들과 레위 사람들을 세운 후에 내 아우 하나니와 영문의 관원 하나냐가 함께 예루살렘을 다스리게 하였는데 하나냐는 충성스러운 사람이요 하나님을 경외함이 무리 중에서 뛰어난 자라 느 7:1,2

외적 공격을 물리치고 내적 복병들을 몰아냈다면, 내면을 성령으로 충만하게 채워야 한다. 예수님은 마태복음 12장 43-45절에서 중요한 영적 원리를 가르쳐주신다. 더러운 귀신이 한 사람에게서 나갔다가 다시 돌아와보니 귀신이 거하던 그 집(사람)이 깨끗이 수리되어 있었다. 이에 더 악한 귀신 일곱을 데리고 들어가, 그 사람의 상태가 이전보다 더 심하게 되었다는 말씀이다. 거룩한 충만함이 내면에 채워져 있지 않으면 쫓겨났던 어둠이라 할지라도 다시 밀려들 수 있다. 문을 닫고 성벽 재건을 마친 느헤미야가 즉시 성 안을 채웠음을 기억하라. 바울은 에베소서 3장 14절 이하에서 속사람의 강건함을 위해 기도했다. 성령께서 우리 안에 충만함으로 거하실 때 어둠이 근접하지 못한다.

성령의 충만함은 내적 충만에서 시작된다. 이는 안에서 밖으로 흘러넘쳐 외적 충만함으로 드러난다. 무당이나 주술사처럼 어둠의 영에 사로잡힌 자들과 우리의 차이점이 여기에 있다. 무당에게는 내적 충만함이 없다. 하나님과 분리된 그들의 영에서는 생명의 능력이 흘러갈 수 없다. 그러나 하나님의 사람들은 내면에서부터 거룩한 영적 능력이 나온다. 내주하시는 성령께서 흘러 넘쳐 지식, 감정, 의지의 영역으로 표현된다.

내적 충만과 외적 충만의 대표적인 성경 본문을 보자. 진정한 성령 충만은 안과 밖 모두에 드러난다. 성령께서 안으로는 우리가 자아낼 수 없는 성품을 만들어주시고, 밖으로는 은사와 같은 능력으로 하나님나라를 증거하게 하신다. 고린도전서 12장 7-11절의 아홉 가지 은사가 성령의 외적 충만함이라면, 갈라디아서 5장 22,23절의 성령의 아홉 가지 열매는 내적 충만함을 말한다. 사랑, 희락, 화평, 오래 참음, 자비, 양선, 충성, 온유, 절제는 우리가 스스로 맺을 수 있는 열매가 아니다. 내적 충만의 열매는 율법적인 노력이 아닌, 성령 충만으로 맺어진다. 그래서 나 스스로 지어내고 만들어낼 수 없다. 화가 날 상황인데 참아지고, 주눅들 상황인데 용감할 수 있다. 더 나아갈 수 있어도 멈출 수 있고, 머무르고 싶지만 용감하게 나가기도 한다. 성령께서 내 안에서 역사하심으로 그의 열매대로 반응하는 것이다.

성령 충만은 육으로 드러나는 현상이나 병을 고치는 능력만이 아니다. 이런 종류의 성령의 역사는 심지어 믿지 않는 자들에게도 나타날 때가 있다. 여호와의 영이 임하자 사울도 예언했음을 기억하라.

전에 사울을 알던 모든 사람들이 사울이 선지자들과 함께 예언함을 보고 서로 이르되 기스의 아들에게 무슨 일이 일어났느냐 사울도 선지자들 중에 있느냐 하고… 그러므로 속담이 되어 이르되 사울도 선지자들 중에 있느냐 하더라 삼상 10:11,12

성령께서 역사하시는 현장에서 순간적으로 임한 그의 능력을 성령 충만으로 오해하지 않기 바란다. 내면에서부터 변화를 일으키시는 성령의 충만을 날마다 구하며 경험하자.

느헤미야가 세운 사람들

7장은 성벽의 문짝을 단 느헤미야가 문지기, 노래하는 자들, 레위 사람들, 예루살렘을 다스릴 지도자들을 세운 일을 말하며 시작한다. 이들의 등장은 1절과 2절로 구분되는데, 그 순서를 통해 이스라엘이 회복되는 방법과 그 의미가 무엇인지 발견할 수 있다.

느헤미야는 먼저 문지기와 노래하는 자들과 레위 사람들을 세웠다. 이들은 성전을 위한 각종 직무를 맡은 자들로 모두 레위 지파에 속한다. 본문에서는 '레위 사람'을 문지기나 노래하는 자로 구별하여 호칭했지만, 레위인은 넓은 의미로 성전을 섬기도록 구별된 모든 자들을 말하기도 한다. 7장 이후로 레위인들은 문지기나 노래하는 자, 율법을 낭독하고 가르치거나 기도를 선포하는 자 등의 다양한 모습으로 등장한다. 각각 그 역할만 다를 뿐 모두가 레위 지파, 레위인이다.

레위 지파는 이스라엘의 정체성이자 부르심의 상징과도 같다. 이스라엘은 하나님을 섬기는 예배의 삶을 통해 모든 족속이 복을 받도록 택함 받은 민족이다. 그러나 약속의 땅을 쟁취하고 지키기 위한 전쟁을 비롯해서, 각자의 터전에서 해야 할 일들이 있기에 그들이 모두 언제나 예배의 자리에만 있을 수는 없었다. 그래서 이스라엘 중 레위 지파가 구별되었다. 레위인들은 예배의 자리에서 하나님의 임재를 지킴으로, 주께서 어떻게 우리와 함께하고 일하시는지 이스라엘과 온 족속이 보게 하였다. 하나님께서는 이스라엘의 열두 지파 중에서도 다윗의 혈통인 유다 지파와 레위 지파는 영원히 끊어지지 않을 것이라고 말씀하셨다(렘 33:17,18).

느헤미야는 의도적으로 성전을 섬기는 자들, 곧 레위인이 그들의 자리에 세워졌음을 언급한 후, 예루살렘을 다스릴 지도자들을 등장시킨다. 그는 이스라엘의 영적 기능이 회복될 때 좋은 지도자들이 설 수 있다는 것을 알았다. 성벽이 견고해지자 느헤미야는 즉시 성전에서 하나님을 예배함으로 이스라엘이 정체성과 부르심을 분명히 알도록 준비했다.

우리의 삶도 마찬가지이다. 내면이 견고해지고 영적 기능들이 바로 설 때, 성결한 능력 안에서 삶을 온전히 꾸려갈 수 있다. 7장의 레위인의 등장은 주님의 임재를 지키는 예배와 경배의 기능이 영 안에서 회복되어야 함을 말한다. 느헤미야서 1장부터 7장까지의 여정을 지나오며 외적, 내적인 문제들을 통과한 사람들의 특징이 있다. 바로 '건강한 예배자'라는 점이다. 성벽의 틈을 메우고 문을 달게 하시는 것은 주께서 우리가 온전한 예배자가 되기를 원하시기 때문이다. 내면의 쓴 뿌리가 치유되지 않고 권위의 문제가 해결되지 않아서 문짝이 제대로 여닫히지 않는다면 건강한 예배자가 될수 없다.

위대한 역사를 이룬 하나님의 사람들은 목숨을 걸고 예배의 자리를 사수했다. 요셉, 다윗, 다니엘은 그런 예배자였다. 요셉은 문제를 해결해주고 구원해주는 구원자의 상징이다. 다윗은 어떤 환경에서도 여호와를 예배하는 예배자의 상징이다. 다니엘은 예배자이면서 문제의 해결자이기도 하다. 그는 왕위가 네 번이나 바뀌는 동안 끝까지 이기는 자의 삶을 살아냈다. 이는 마지막 때 그리스도인이 살아낼 모습의 예표이다.

부르심을 향해 전진하고자 하는 자들에게 사랑의 마음을 담아 권면한다. 예배자의 정체성을 회복하라. 다스리는 자의 기름부음은 예배자에게 온다.

목적이 있는 삶을 살라

7장의 두 번째 주제는 목적이 있는 삶이다.

내 하나님이 내 마음을 감동하사 귀족들과 민장들과 백성을 모아 그 계보대로 등록하게 하시므로 내가 처음으로 돌아온 자의 계보를 얻었는데 거기에 기록된 것을 보면 느 7:5

느헤미야서 7장 5절부터 60절까지는 BC 537년경 스룹바벨과 함께 바벨론에서 이스라엘로 돌아온 1차 포로 귀환자들의 명단이 나온다. 이 명단은 에스라서 2장에도 등장한다. 성경에 반복하여 기록될 만큼 이들이 중요한 이유는 무엇일까?

유다 민족이 바벨론으로 끌려간 후 예레미야의 예언대로 70년이 되자 고토(故土)로 돌려보내지는 일이 시작되었다. 그런데 막상 그들의 땅으로 돌아갈 길이 열리자 사람들이 많이 망설였다. 예루살렘으로 돌아가는 데 희생이 뒤따랐기 때문이다. 잡혀간 자신들을 대신해서 그 땅에 자리잡은 이들과 싸워가며 황폐해진 땅에 다시 터전을 일구는 것은, 이미 바벨론에 정착한 사람들에게는 크나큰 도전이었다. 그러나 이 모든 값 지불에도 불구하고 이주한 사람들이 그 시대에 성전을 건축하여 봉헌할 때, 비록 그 성전이 솔로몬의 성전에 비할 바가 아니었지만 "이 성전의 나중 영광이 이전 영광보다 크리라!"라고 하신 하나님의 말씀을 믿었다.

느헤미야는 그들을 높여주고자 했다. 성전의 회복을 마음에 품고 염원했던 자들! 그들은 예레미야의 예언을 굳게 붙잡고, 바벨론 땅에서도 자신의 정체성을 잃지 않았다. 변절되지 않고자 바벨론에서 자신을 구별하며 스스로 지켜온 자들이기에, 이미 자리가 잡힌 안정된 삶도 미련 없이 버리고 여호와의 성전을 향해 걸어갈 수 있었다.

실제로 1차 포로 귀환자들은 많은 어려움을 겪었다. 그들은 고토로 돌아와 성전을 세웠으나 숱한 공격과 침략을 받았다. 결국에 거의 도망가고 예루살렘 성 밖에서 살 수밖에 없는 상황이 되었다. 느헤미야서 1장 3절은 "사로잡힘을 면하고 남아 있는 자들이 큰 환난을 당하고 능욕을 받고 예루살렘 성은 허물어지고 성문들은 불탔다"고 말한다. 그들은 자신들이 견뎌야 할 어려움을 알면서도 이스라엘로 돌아갔다. 여호와께서 주신 약속을 붙잡고 이 모든 고난을 감당하기로 각오했다. 3차 포로귀환 때, 마침내 성벽을 중수하며 문을 매달고 파수꾼을 세우게 되자 느헤미야는 먼저 돌아왔던 그들을 기억하고 높여주었다.

> 내가 달려갈 길과 주 예수께 받은 사명 곧 하나님의 은혜의 복음을 증언하는 일을 마치려 함에는 나의 생명조차 조금도 귀한 것으로 여기지 아니하노라 행 20:24

사도 바울은 하늘 소망 때문에 멈추지 않고 달려갈 수 있었다. 지치고 곤하여 피곤한 날에도, 그가 받은 약속과 영원한 하늘의 상급을 바라보며 다시 일어나 사명의 길을 걸어갔다. 무신론적 가치와 영성은 성도의 삶을 조소하며 허무한 곳으로 잡아끈다. 그러나 결코 그들의 미혹에 넘어가지 말라. 하나님께 속한 자들은 세상을 향해 당당하게 고백할 수 있어야 한다. "하나님, 이곳은 내 본향이 아닙니다. 나는 여호와의 전에서 살 것입니다."

우리는 무엇을 위해서 성벽을 견고하게 세우고 있는가? 무엇을 위해서 축복을 구하고 있는가? 분명한 부르심의 목적이 있기를 바란다. 여호와의 은총이 부어져야 할 분명한 삶의 이유가 있기를 축복한다. 부흥의 약속을 믿는 자들이 되자. 위대한 소원에 이끌리어 두려움 없이 전진하는 자로 서자. 느헤미야가 구구절절하게 기록하며 드러내고 싶어 했던 사람들, 성전의 부흥을 염원하며 주님의 약속을 붙잡았던 그들의 심령이 우리 안에도 부어지기를 바란다.

분명한 정체성이 없는 자들

본문 61-65절에는 정체성이 분명하지 않아서 레위인으로 세울 수 없었던 사람들이 나온다. 이들은 잡족들이다. 이스라엘 안에는 그들과 함께하는 잡족들이 있었다. 출애굽 당시의 이스라엘 자손은 보행하는 장정만 60만 명이었다. 그러나 그들만이 아니다. 그 밖에 수많은 잡족이 이스라엘과 함께하고 있었다(출 12:38). 이 잡족들이 이스라엘에게 어려움이 되곤 했다. 그들은 광야에서 조금만 곤경을 겪어도 애굽으로 돌아가자고 이스라엘을 선동했다. 지도자 모세에게 돌을 던져 죽이려고도 했다. 산발랏과 도비야 무리들이 이런 가문에 속한다. 7장 61,62절은 계보가 이스라엘에 속했는지 증거가 없는 자들로 들라야 자손과 도비야 자손과 느고다 자손을 말한다.

　분명한 정체성과 부르심이 없으면 잡족이 된다. 부흥에 대한 마음이 품어지지 않았다면 잡족과 다를 바가 없다. 그들은 그저 시대의 흐름에 끌려가는 자들이다. 7장의 주제는 내면의 부흥과 목적이 있는 삶이다. 흔들리지 않는 내면의 견고함이 성령 충만으로 세워지기를 바란다. 잡족과 같은 영성은 끊어지고, 고토로 돌아온 자들과 같이 목적 있는 인생이 되기를 바란다. 원수들을 내어 쫓은 자리에 주님의 충만함을 채우라. 문지기와 노래하는 자와 레위인을 회복하라.

이렇게 기도하자!

1 성령의 충만함이 임하며 속사람이 강건해지기를 기도하자.

"주님, 제 안에 주님의 충만함을 부어주옵소서. 속사람을 일으키며 강건케 하옵소서. 성령의 열매들이 제 삶에 더 풍성히 맺어지게 하시며, 그로 인해 주님과 더 가까워지게 하옵소서."

2 내 안에 예배와 경배의 기능이 회복되도록 기도하자.

"주님, 성벽을 보수한 느헤미야가 가장 먼저 레위인을 회복하였듯이, 내 안에 예배와 경배가 회복되게 하소서. 나의 내면의 성벽이 보수될 뿐 아니라, 내 영이 주님의 임재로 채워지게 하소서. 어떤 상황과 환경에서도 다윗처럼 예배하는 예배자로 나를 세워주소서."

3 하늘의 소망으로 살아가는 삶이 되도록 기도하자. 주님이 주신 약속을 기억하고 전진하는 자로 서도록 기도하자.

"주여, 목적 있는 삶을 살겠나이다. 안일함의 자리를 무너뜨리고 약속의 자리로 나아가게 하옵소서. 주께서 제게 주신 언약을 결코 잊지 않게 하소서. 내 영아, 언약을 받은 하나님의 백성으로 깨어날지어다. 주님의 부흥을 고대할지어다. 하늘 시민의 정체성으로 회복될지어다. 영원한 소망을 바라보며 강건하게 설지어다."

PART 3

내면의
지성소
—
전심의 예배자

Be the house of God

이스라엘 역사 속에 7대 부흥이라고 하는 일곱 번의 종교개혁이 있다. 역대하 20장의 여호사밧 왕, 역대하 23장의 제사장 여호야다, 역대하 29장의 히스기야 왕, 역대하 35장의 요시야 왕이 그 주역이다. 이후 다섯 번째 종교개혁은 스룹바벨과 1차 포로 귀환자들의 개혁운동이었고, 여섯 번째는 에스라, 마지막 일곱 번째가 느헤미야의 개혁이다.

이 모든 종교개혁의 결론이 무엇인가? 다윗이 하나님과 맺은 언약의 복원이다. 이스라엘의 부흥은 성전 기능의 핵심이자 모체가 되는 다윗의 장막의 기능적 회복과 연결된다. 모든 이스라엘의 종교개혁은 다윗의 장막의 영성, 그 체계와 조직을 회복하자는 것이었다.

8장부터 느헤미야서는 새로운 전환점을 맞이하게 된다. 느헤미야가 예루살렘 성벽 중수라는 대장정을 달려온 근본적인 목적은 성전의 기능 보호와 회복에 있다. 다윗의 때와 같이 하나님의 백성들이 하나님의 방법대로 성전과 성산을 회복함으로써 언약 백성의 부르심과 사명을 완수하고 위대한 하나님의 뜻과 계획을 성취하는 것이다. 우리는 지금까지 삶의 무너진 영역들의 회복을 위해 달려왔다. 이제는 예루살렘의 외벽이 아닌 본질의 회복으로 나아갈 때이다. 위대한 역사를 이루는 인생의 진정한 의미를 깨닫기 바란다.

지금까지 무너진 곳을 보수하여 틈을 메우고 문짝을 달았던 이유가 무엇인가? 바로 하나님나라의 완성과 도래를 위해서다. 하나님의 나라가 선명히 드러나는 부흥. 우리에게도 이 부흥이 필요하다. 하나님은 하나님의 언약을 붙잡고 부르심의 길에서 떠나지 않는 사람에게 찾아오셔서 그의 삶 위에 하나님의 나라를 세우실 것이다.

CHAPTER 08

여호와를 기뻐하라

느헤미야서 7:73, 8:1-18

하나님의 임재의 회복

에스겔서 37장에는 하나님께서 에스겔 선지자에게 마른 뼈의 환상을 보여주시는 장면이 나온다. 주님은 이스라엘을 향해 그들의 영적인 상태가 이 마른 뼈들과 같다고 말씀하신다. 일주일에 한두 번 교회에 오가며 종교적 습관에 따라 예배를 드리지만, 하나님과 동행하는 기쁨을 잃은 지 오래된 그들은 하나님의 임재를 잃어버린 마른 뼈들이라는 것이다.

느헤미야서 8장의 핵심은 10절에 "여호와로 인하여 기뻐하는 것이 너희의 힘이니라"라는 말씀이다. 그런데 단순하지만 쉽지 않은 말씀이다. 경제적인 어려움, 가정의 깨어짐, 관계의 갈등, 질고의 괴로움을 비롯해서 너무 많은 문제가 우리 삶을 둘러싸고 있다. 나의 믿음과 신념과 가치, 집과 일터와 주변 관계를 비롯해 먹는 음식과 입는 옷까지 우리는 모두 세상 속에서 공유되고 수시로 사람들의 판단을 받고 있다. 더욱 복잡해지는 사회 속에서 우리는 어떻게 평강을 유지할 수 있는가? 여호와의 임재가 회복되어야 한다. 주님과 사랑으로 동행해야 한다. 그리스도인의 신앙생활은 자기 성찰이나 자아실현에서 비롯되는 자기 만족으로 유지되지 않는다. 하나님으로 인한 즐거움, 그것만이 우리의 동력이다.

비록 무화과나무가 무성하지 못하며 포도나무에 열매가 없으며 감람나무에 소출이 없으며 밭에 먹을 것이 없으며 우리에 양이 없으며 외양간에 소가 없을지라도 나는 여호와로 말미암아 즐거워하며 나의 구원의 하나님으로 말미암아 기뻐하리로다 합 3:17,18

여호와로 말미암아 즐거워하고 하나님으로 말미암아 기뻐하기를 축복한다. 진리 안의 기쁨과 감격으로 내일을 맞이하기 바란다. 하나님은 오직 하나님을 즐거움의 근원으로 삼는 자들을 찾으시며 그에게 당신의 일을 맡기신다.

말씀의 회복

7장까지 달려온 모든 여정의 본질적인 목적은 성벽에 있는 것이 아니다. 성전의 기능 회복이 그 목적이다. 성전을 보호하기 위한 성벽의 중수는 끝났다. 따라서 8장부터는 본격적으로 성전 회복의 일들이 그려진다. 마른 뼈에 힘줄이 생기고 살이 오르고 살갗이 덮였으니, 이제는 그 속에 생기를 불어넣는 일이 시작되는 것이다. 그 핵심이 율법의 회복, 말씀의 회복이며 이것은 곧 본질의 회복을 의미한다. 위대한 역사를 이루는 인생, 그 공동체는 결국 본질에서 승리했다.

하나님의 율법책을 낭독하고 그 뜻을 해석하여 백성에게 그 낭독하는 것을 다 깨닫게 하니 백성이 율법의 말씀을 듣고 다 우는지라 총독 느헤미야와 제사장 겸 학사 에스라와 백성을 가르치는 레위 사람들이 모든 백성에게 이르기를 오늘은 너희 하나님 여호와의 성일이니 슬퍼하지 말며 울지 말라 하고 느 8:8,9

선민(選民) 이스라엘이 하나님과 맺은 언약의 증표와도 같은 법궤를 잊었던 때가 있었다. 블레셋에게 빼앗겼던 법궤가 되돌아와 기럇여아림의 아비나답의 집에 있었고, 그 후 사울 왕이 다스리던 세월 동안 법궤는 그야말로 무관심 속에 방치되었다. 이스라엘을 인도하시는 신실하신 하나님과의 동행을 상징했던 법궤는 사람들의 기억 속에서 차차 지워져갔다. 그러나 다윗은 이스라엘과 함께 머물고자 이 땅에 거하셨던 하나님의 방법을 잊을 수 없었다. 그는 광야에서도 법궤를 통해 이스라엘을 찾아오셨던 하나님의 임재를 갈망했고, 마침내 왕이 되었을 때 법궤를 예루살렘으로 다시 가져오면서, 잃어버렸던 하나님과의 관계와 그 영광을 회복하게 되었다.

그런데 이 과정에서 참변이 발생했다. 법궤를 수레에 실어 운반하던 웃사가 죽은 것이다(대상 13:9-11). 온 이스라엘이 이 소식에 놀라 두려워했다. 다윗은 깊은 고민에 잠긴다. 어디서부터 잘못되었는지 곰곰이 생각한다. 그가 깨달은 것은, 이방인들의 방식으로 마치 우상을 나르듯 하나님의 법궤를 운반하려 했다는 사실이었다(대상 15:13-15). 이제 다윗은 모세의 규례를 따라 하나님의 방법대로 법궤를 옮긴다. 레위인들이 하나님의 궤를 채에 꿰어 어깨에 메었다. 주님의 법이 회복되기 시작한 것이다. 법궤의 운반은 잊혀져간 주님의 법 안에서 온 이스라엘의 회복을 가져왔다. 잠들어 있던 하나님의 위대함이 깨어나 이스라엘을 통치하기 시작한다.

그렇다면 여호와의 계명과 율례와 규례, 곧 여호와의 말씀의 회복은 구체적으로 무엇을 말하는가? 이스라엘은 모세오경을 회복하고자 했다. 구약은 율법서, 역사서, 시가서, 선지서로 나뉘는데, 율법서인 모세오경이 모든 말씀의 핵심이다. 역사서는 이스라엘 백성이 말씀에서 떠났을 때 어떤 일을 겪었는지, 또 어떤 왕이 하나님께서 보시기에 악한 왕이고 선한 왕인지에 대한 내용을 담고 있다. 사무엘상하, 열왕기상하, 역대상하가 역사서에 포함된다. 역사서의 기준은 단순하다. 다윗의 길로 행하여 다윗의 때와 같이 회복하였다면 그는 좋은 왕이다. 그러나 여로보암의 죄에서 떠나지 않고 여로보암의 길로 행하였다면 그는 악한 왕이다.

여로보암은 남북으로 분열된 이스라엘 중 북이스라엘의 초대 왕이었다. 그는 남유다 예루살렘에 있는 여호와의 성전 때문에 자신의 왕권이 흔들릴 것을 염려하여 벧엘과 단에 우상의 제단을 세워서 북이스라엘이 우상을 섬기는 죄를 짓도록 만들었다. 구약에 등장하는 대부분의 왕들이 바로 이 여로보암의 길을 따라갔다. 비록 그 왕이 군사적 경제적 부흥을 가져왔더라도 영적으로 이스라엘을 피폐하게 했다면, 성경은 그를 악한 왕으로 평가했다. 그러나 여호와를 따랐던 몇 안 되는 왕들도 있다. 다윗을 비롯하여 여호사밧, 히스기야, 요시야 같은 왕들은 소위 이스라엘 7대 부흥의 주역이다.

시가서는 욥기, 시편, 잠언, 전도서, 아가서로 하나님의 백성들이 어떻게 영이신 하나님과 사랑에 빠지고 교제하고 교통하는지를 가르쳐주는 영적인 이야기를 담고 있다. 선지서는 하나님의 백성들에게 말씀의 근본이 되는 모세오경을 기준으로 회개를 촉구하고 방향을 제시하며 여호와께 돌아오도록 이스라엘을 일깨웠던 책들이다. 본문에서 잃어버린 계명과 율례와 규례를 회복한다는 것은 바로 모세오경으로 돌아가는 것을 의미한다. 모세오경은 모든 말씀의 기본이며 원칙이고 토양이다.

모세오경의 내용

1. 하나님을 아는 것

첫째, 하나님을 아는 것이다. 모세오경 안에는 하나님이 어떤 존재이시며, 어떻게 우리를 창조하셨는지, 그리고 우리와 어떤 관계를 맺고 싶어 하시는지가 기록되어 있다. 모세오경은 여호와 하나님과 그분이 행하신 모든 역사 속에서 우리의 창조 목적을 기억하게 한다.

2. 하나님과 사귀는 법

둘째, 모세오경은 하나님과 사귀는 법, 즉 하나님과 사랑하는 법이 들어 있다. 레위기와 신명기 내용이 이를 담고 있다. 말씀을 회복한다는 것은 하나님이 어떤 분이시고, 우리를 얼마나 사랑하시는지 알고, 그분과 우리가 어떻게 사랑하는지를 배우는 것이다.

3. 사람을 존중하고 사람답게 사는 법

셋째, 모세오경은 여호와를 사랑하고 경배하는 법뿐만 아니라 사람이 사람답게 사는 법 또한 가르친다. 고대 원시종교의 문헌들을 살펴보면, 유일하게 성경만이 인간을 신과 같은 격의 존재로 말하고 인간의 존엄성을 높이 표현했다.

이것은 성경과 코란의 매우 큰 차이이기도 하다. 코란은 성경과 비슷한 점이 있기도 하지만, 특별히 인간의 존엄성에 대해서는 전혀 다른 이야기를 한다. 이슬람 국가에서 자행되는 수많은 폭행과 살인을 보라. 특히 그들은 여자를 남자의 소유물 중 하나이자 인격적인 대우가 필요 없는 하등한 존재로 여긴다. 아내를 주기적으로 때리라고 한다. 자신이나 가문의 명예를 실추시켰다는 이유로 손발을 자르거나 죽여도 전혀 문제가 되지 않는다.

그러나 성경은 인간의 존엄성과 인간답게 살 수 있는 법을 가르친다. 여호와의 말씀은 사람이 하나님의 형상을 따라 하나님의 모양대로 지어졌으며, 우리가 하나님과 교제할 수 있는 존재라고 말한다. 하나님이 우리를 얼마나 소중히 대하시는지 아는가? 여호와의 말씀으로 돌아간다는 것은 사람을 사랑하고 사람을 소중히 여기는 가치가 회복되는 것을 의미한다.

4. 영원한 나라와 영원한 세계를 보는 것

넷째, 모세오경은 영원한 나라와 영원한 세계를 보게 한다. 모세오경을 통해서 우리는 이 땅에서 살다가 죽을 자들이 아니라 하늘의 본향으로 돌아갈 영원의 존재임을 기억하게 된다.

율법의 결론과 결과

그중의 한 율법사가 예수를 시험하여 묻되 선생님 율법 중에서 어느 계명이 크니이까 예수께서 이르시되 네 마음을 다하고 목숨을 다하고 뜻을 다하여 주 너의 하나님을 사랑하라 하셨으니 이것이 크고 첫째 되는 계명이요 둘째도 그와 같으니 네 이웃을 네 자신 같이 사랑하라 하셨으니 이 두 계명이 온 율법과 선지자의 강령이니라

마 22:35-40

수많은 율법 중, 어느 것이 가장 큰 계명인지 묻는 율법사에게 예수님은 "네 마음을 다하고 목숨을 다하고 뜻을 다하여 주 너의 하나님을 사랑하라"고 답하신다. 예수님은 안식일에 병을 고치기도 하셨고, 제자들이 안식일에 밀밭 사이로 지나가며 이삭을 잘라 먹는 것을 허용하기도 하셨다. 왜냐하면 율법의 근본이자 율법이 기록

된 이유는 하나님을 사랑하고 영혼을 사랑하기 때문이다. 말씀으로 돌아간다는 것은 마음을 다하고 생명을 다하여 뜻을 다하여 하나님을 사랑하는 것이다. 그 사랑은 "네 이웃을 네 자신같이 사랑하는" 것으로 드러난다. 모세오경은 그 핵심을 우리에게 일깨운다.

여호와를 기뻐하는 삶

모든 백성이 일제히 수문 앞 광장에 모였다. 에스라가 여호와 하나님을 송축했고, 하나님의 율법책이 낭독되기 시작한다. 그 뜻을 해석해주니 말씀의 뜻을 깨닫게 된 백성들의 눈에 눈물이 흘렀다. 하나님을 저버리고 원수가 되어 받은 고통들, 그러나 끊임없이 돌이키라고 말씀하셨던 주님의 마음, 잊었던 여호와와의 언약, 잃어버렸던 하나님의 백성으로서의 존귀한 정체성, 회개의 심령과 은혜 안에서 그들은 감격으로 울었다. 그러나 총독 느헤미야와 학사 에스라와 백성을 가르치는 레위 사람들이 모든 백성에게 울지 말라고 말한다. 백성의 눈물이 통회의 눈물이며 감사의 눈물임을 알았지만 눈물을 그치고 여호와의 날을 즐거워하라고 한다.

느헤미야가 또 그들에게 이르기를 너희는 가서 살진 것을 먹고 단 것을 마시되 준비하지 못한 자에게는 나누어 주라 이 날은 우리 주의

성일이니 근심하지 말라 여호와로 인하여 기뻐하는 것이 너희의 힘이
니라 하고 느 8:10

회개라는 긍정적인 반응까지 멈추고 먼저 해야 할 일로 여호와
를 기뻐하라고 한 것이다. 모든 백성은 곧 가서 먹고 마시며 즐거
워한다. 이들의 반응이 생뚱맞아 보이기도 한다. 그러나 이것은 말
씀에 대한 반응이었다. 그들은 자신들의 벅찬 감정까지 말씀에 굴
복시켜 눈물을 그치고 여호와를 기뻐하기 시작했다. 모든 상황을
넘어 하나님의 말씀이 선포되고 모든 상황 위에 주님이 주인공이
되신 것이다.

여호와를 기뻐함의 의미

1. 여호와가 주인공 되시는 것

이스라엘 자손이 자기들의 성읍에 거주하였더니 일곱째 달에 이르러
모든 백성이 일제히 수문 앞 광장에 모여 학사 에스라에게 여호와께
서 이스라엘에게 명령하신 모세의 율법책을 가져오기를 청하매 일곱
째 달 초하루에 제사장 에스라가 율법책을 가지고 회중 앞 곧 남자
나 여자나 알아들을 만한 모든 사람 앞에 이르러 느 8:1,2

1,2절은 이들이 7월 1일에 모였다고 한다. 이날은 이스라엘에게 한 해의 시작과 같은 날이다. 절기상 나팔절로, 새해를 기념하며 곧 있을 대 속죄일까지 우리의 영을 깨우고 하나님을 찾는 여호와의 성일(聖日)이다.

"여호와로 인하여 기뻐하라"는 것은 "여호와가 주인공이 되시게 하라"는 의미이다. 성벽을 보수하고 레위 사람을 세워 여호와의 성일을 선포하는 첫 번째 날의 주인공이 우리 때문에 가려져서는 안 된다. 후회나 아쉬움, 죄스러운 마음까지 모두 접고, 이날의 주인공이 오직 여호와가 되시도록 해야 하는 것이다.

가끔 하나님을 위한다는 행사 속에 사람이 주인공이 되는 것을 볼 때가 있다. 주님을 위한 찬양, 주님을 위한 기도, 주님을 위한 공연, 주님을 위한 축제라고 말하지만 사람이 드러나고 사람에게 집중되며 결국 사람이 높아진다. 이런 실수가 반복되다보면, 우리는 주님의 이름을 팔아 사람의 왕국을 세우는 죄에 걸려 넘어질 수 있다.

주님이 주인공이 되셔야 할 날, 주님만 바라보며 주님이 드러나시게 하자. 주님을 기다리며 하나님께서 하나님으로 우리와 함께하시게 하자.

2. 말씀에 굴복하는 것

여호와를 기뻐하는 것은 말씀에 굴복하는 것이다. 느헤미야서 8장의 분위기를 보라. 그들은 눈물을 떨구며 "네, 주님. 주님의 말씀이 옳습니다. 주님의 말씀을 따르겠습니다" 하고 "아멘"이라고 고백한다. 그런데 이런 순종은 감정의 영역에 국한되지 않는다. 말씀이 의지의 영역에서도 역사해야 한다. 이스라엘은 통회와 회개의 눈물 속에서 감정이 격해졌지만, 그럼에도 "나의 날을 즐거워하라"는 명령에 순종한다. 혼적인 감정이나 내가 옳다는 신념이 아니라 말씀을 따르기로 한 것이다. 주님은 순종이 제사보다 낫다고 하셨다. 내 상황과 상태, 그로 인한 감정, 판단, 의지를 모두 주님 앞에 내려놓자. 말씀이 우리의 생각과 마음과 뜻을 다스리시도록 해야 한다.

3. 말씀이 양식 되는 것

여호와를 기뻐한다는 것은 말씀을 영으로 흡수하여 내 안에서부터 기쁨이 회복되는 것을 의미한다. 이는 기록된 말씀인 '로고스'가 지식으로 남는 것이 아니라 나의 감정과 논리를 변화시키는 '레마'의 생명력으로 역사하는 것을 말한다(헬라어 '로고스'는 기록된 말씀(벧전 1:23)을, '레마'는 지금 주님이 내게 주시는 말씀(엡 6:17)을 의미한다).

밭에 씨를 뿌릴 때 일어나는 일들을 생각해보자. 흙 속에 떨어진 씨는 본래의 형질이 바뀌어 땅의 일부가 되고 새로운 생명으로 자라난다. 영혼의 밭에 말씀의 씨가 떨어질 때도 마찬가지이다. 진리가 영 안에서 작동할 때, 우리 안에 새로운 빛의 역사가 일어난다. 우리가 이성으로 말씀을 읽는다면 어떻게 죽은 자가 살아나며, 처녀가 아이를 낳고, 떡 다섯 덩이와 물고기 두 마리로 수천 명이 배불리 먹었다는 일을 받아들일 수 있겠는가?

성령께서는 우리의 영에 진리가 스며들게 하신다. 천지를 지으신 살아 있는 말씀이 우리의 영 안으로 들어와 새롭게 역사하는 것이다. 예수 그리스도를 본 적 없는 우리는 합리적으로 납득이 되거나 논리적으로 이해할 수 없어도, 그렇게 주님을 우리의 왕으로 고백하게 되었다. 이렇듯 진리가 우리의 영에 스며들어 어둠을 몰아내고 빛으로 거할 때, 기쁨이 일어난다. 하나님의 말씀으로 인해 하나님을 즐거워함이 발동된다. 말씀의 생명이 내 안에서 세상을 이기는 기쁨과 즐거움의 에너지가 솟구치도록 역사한다.

그렇기 때문에 말씀이 없는 황홀경은 진정한 기쁨이 아니다. 간혹 교회 안에서도 혼의 자극을 통해 기쁨을 과장하는 듯한 행동을 보기도 하는데, 그 중심이 말씀을 기반으로 하고 있지 않다면 주의할 필요가 있다. 상황과 여건에 상관없이 여호와를 기뻐할 수 있는 힘은 언제 일어나는가? 말씀이 우리의 영과 영으로 만났을 때이다. 이 기쁨이 우리의 속사람을 강건케 한다.

내가 듣기에 편한 말씀만이 아닌, 모든 말씀을 영으로 체험하기를 축복한다. 특별히 설교로 말씀을 접할 때 말씀이 지적 동의나 격려, 순간적인 위로나 감동으로 끝나지 않기를 바란다. 때로 이해가 되지 않거나 수긍하기 힘든 말씀이라도, 그 말씀이 진리라면 영의 양식이 되어야 한다. 말씀을 전하는 자들 역시 이를 위해 부단히 기도해야 한다. 말씀을 듣는 이들에게 정보나 지식, 순간의 위안이 아닌 영의 양식이 전달되도록 준비해야 한다.

이것이 에스겔서 37장 1-10절의 현상이다. 말씀이 회복되면 여호와와의 사랑이 회복된다. 여호와의 말씀이 회복되면 여호와를 즐거워하는 일이 시작된다. 진리와 우리의 영이 하나가 되면서 일어나는 희열을 경험하기 바란다. 말씀을 읽고 암송하고 깊이 묵상하면서 하나님을 사랑하는 즐거움이 내면에서 이루어지기를 바란다.

"여호와로 인하여 기뻐하는 것이 너희의 힘이니라" 할 때 '힘'이라는 히브리어는 "상급", "능력", "산성"을 의미하기도 한다. 여호와를 즐거워하면 여호와가 산성이 되실 것이요, 능력이 되실 것이며, 상급이 되실 것이다. 여호와를 즐거워하라! 여호와가 주인공이 되시게 하고, 여호와의 말씀에 굴복하기 바란다. 여호와의 말씀이 심령에 스며들기를 바란다. 그러면 하나님께서 우리의 상급으로, 능력으로, 보호하심으로 역사해주시는 결과를 목도하게 될 것이다.

여호와의 절기

성령의 시대를 살아가는 우리가 마치 율법을 사수하듯 이스라엘의 절기들을 지킬 필요는 없지만, 그 의미를 아는 것은 우리의 신앙생활을 더 풍성하게 해줄 것이다.

느헤미야서 8장에 나오는 여호와의 두 절기는 나팔절과 초막절이다. 이스라엘에서는 나팔절에 나팔을 불면서 시편 89편 15절의 말씀을 외쳤다고 한다. "즐거운 소리를 아는 백성은 복된 자다! 이 소리의 의미를 아는 자들은 복된 자다!" 초막절은 이스라엘이 광야에서 장막을 치고 살며 하나님께서 인도하신 과정들을 되새기고 감사하며 즐거워하는 절기이다.

이스라엘의 절기는 초림의 예수와 다시 오실 예수를 나타낸다. 절기의 주인은 예수 그리스도이시다. 절기에 주목하는 것은 성경의 역사가 의도적이며 섭리적으로 흐르기 때문이다. 예수님의 죽음, 성령의 오심도 절기와 무관하지 않았다. 바리새인들이 계속해서 예수님을 잡아 죽이려고 했지만, 주님의 때가 이르기까지 그럴 수 없었던 것도 이 때문이다. 예수님은 하나님의 섭리 안에서 유월절의 어린 양으로 돌아가셨고, 오순절에 성령께서 임하셨다.

말씀 회복과 새로운 부흥

모든 부흥에는 강력한 회개의 영이 부어진다. 참 부흥의 특징은 그 회개가 윤리 도덕적 차원의 정화를 넘어서, 살았고 운동력 있는 말씀이 심령을 찔러 쪼개면서 일어난다는 점이다. 부흥은 말씀의 회복, 기준과 원칙의 회복, 본질의 회복으로부터 시작된다. 이 나라에 새로운 부흥이 와야 한다. 새로운 부흥이란 잃어버렸던 본질과 생명력을 되찾는 것을 의미한다. 예수님은 새 부대와 옛 부대를 말씀하셨다. 옛 부대는 진리가 화석화되고 생명을 잃어가는 것이며, 똑같은 진리가 생명력으로 움직인다면 그것이 새 부대이다. 생명력이 사라지고 있다고 느끼는가? 그렇다면 새 부대가 되기를 구해야 한다.

새로운 부흥을 위해 기도하라. 한국의 골든타임이 10년 이내라는 생각이 든다. 그 시간 안에 새로운 부흥이 오지 않는다면, 앞으로 이 민족의 미래는 끔찍한 죄의 열매들을 거두는 시간이 될 것이다. 이 작은 나라에 무슬림들이 몰려오기 시작했다. 주변국의 움직임에 따라 경제는 널을 뛴다. 통일이라는 역사적 과업이 아직까지 남아 있다. 젊은이들은 부모 세대의 믿음과 신념을 비웃으며 이 나라에 쌓인 유업들을 하나씩 폐기하고 있다.

우리에게 부흥이 필요하다. 어떻게 해야 새로운 부흥이 오겠는가? 은사 충만이 부흥이 아니다. 에스겔서 47장처럼 하나님을 아는 깊이가 발목에서 무릎에 오르고 허리로, 그리고 성령님께 잠겨 떠내려가는 수준으로 바뀌어야 한다. 자신의 성정과 인격을 뛰어넘어 성령께 사로잡히는 일이 필요하다.

느헤미야서 8장은 여호와의 말씀 회복의 역사를 강조하고 있다. 이것은 지난 세월 한국 교회를 이끌어온 성경학교 차원을 말하는 것이 아니다. 더 이상 성경을 이성적으로 풀고 알려주는 차원에 머물러서는 안 된다. 베드로가 담대히 말씀을 선포할 때 성령께서 그의 말에 임하심으로 수천 명이 돌아왔다. 시대적 가치나 사상에 기반을 둔 성경 해석이 아니다. 영혼을 깨우는 말씀의 회복이 있어야 한다. 에스겔과 같이 여호와의 말씀의 대언과 그로 인하여 불어오는 생기로 부흥이 올 것이다.

학사 에스라와 레위인들이 율법을 읽을 때, 이 말씀이 영이 되어 이스라엘의 속사람을 깨웠다. 그들은 이유를 다 깨닫기도 전에 눈물을 흘렸을 것이다. 여호와의 말씀이 회복되어 우리 속에서 여호와를 향한 사랑이 불같이 일어나기를 축복한다. 고난을 통과하고 마침내 승리하게 하는 힘의 근원은 말씀에 있다. 말씀을 경험한 자들, 오직 말씀을 삶의 원리로 삼은 자들이 여호와의 위대한 역사를 이룬다.

이렇게 기도하자!

1 우리의 심령이 말씀을 받을 수 있도록 기도하자.

"하나님, 제 삶에 여호와의 말씀을 회복시켜주십시오. 저의 묵상이 회복되게 해주십시오. 여호와의 말씀을 묵상할 때 성령님, 오시옵소서. 제 영에 말씀이 떨어져, 여호와를 즐거워하는 일이 시작되게 하소서. 기록된 말씀인 로고스가 로고스로 끝나지 않고 저의 영에 녹아지고 흡수되어 흙에 떨어진 씨앗에서 새로운 생명이 나오듯 생명으로 솟아나게 하소서."

2 내 영이 깨어 여호와의 말씀을 갈망하며 구하기를 기도하자.

"여호와의 말씀을 갈망하게 하옵소서. 말씀을 향하여 달려가는 내 영혼의 의지가 깨어날지어다. 내 영혼아, 말씀을 바라며 말씀의 자리로 나아갈지어다! 여호와를 기뻐하라! 나의 상급이라!"

3 말씀이 살아 역사하는 부흥을 구하자.

"여호와여, 이 시대에 새로운 부흥을 간구합니다. 마른 뼈와 같은 저희의 심령이 주님의 생기로 깨어나 군대로 일어나기를 원합니다. 여호와의 말씀이 대언되며 생기가 불어오게 하여주십시오. 하나님, 다시금 열방과 민족을 바꾸는 자들을 일으켜주십시오. 이 땅의 다음 세대들이 아버지의 하나님, 할머니의 하나님이 아닌, 그들의 하나님을 만나게 하소서. 바벨론에서 겨우 살아남는 자들이 아닌, 다니엘과 세 친구들처럼 모든 것을 잃는다 할지라도 하나님을 선포하는 10대와 20대들이 일어나게 하소서. 한 영역을 변화시키는 자들로 세워주시옵소서."

CHAPTER 09

여호와의 열심만이 소망이다

느헤미야서 9:1-6, 32-38

추적하시는 은혜의 하나님

진정한 부흥은 말씀을 통한 성령의 역사로 일어난다. 성령은 우리에게 말씀을 맛보게 하신다. 말씀을 맛본 자들에게는 8장과 같은 통회와 자복의 역사가 일어난다. 느헤미야서 9장의 중심 주제는 '질 깃질깃한 죄악과 집요한 하나님의 은혜'이다. 우리는 9장에서 선포되는 이스라엘의 역사를 통해 악의 순환과 은혜의 순환을 발견할 수 있다.

이스라엘은 모세가 십계명을 받으며 시작된 시내산의 언약과 그들이 걸어온 여정을 떠올린다. 홍해를 가르는 기적으로 애굽에서 나왔지만 곧 금송아지를 만들어 그 앞에서 예배한 죄, 구름 기둥과 불 기둥으로 그들을 인도하시는 하나님을 보면서도 먹이고 입히시는 주님을 신뢰하지 못한 죄, 약속의 땅을 바라보지 않고 끊임없이 애굽의 종으로 돌아가고자 했던 죄, 이기심과 두려움으로 주님이 명하신 전쟁을 피하고자 타협을 말했던 죄. 이스라엘은 언약의 땅까지 그들을 이끄신 하나님을 수없이 저버리고 거듭거듭 죄를 선택하다가 결국 바벨론의 포로가 된 지난 일들을 돌아본다. 그리고 그들의 죄 뒤로 줄곧 주님의 은혜가 뒤따랐음을 상기한다. 모든 순간에도 하나님의 손이 이스라엘을 보존하셨던 것이다.

범죄와 회개를 반복한 이스라엘의 역사는, 오늘의 우리와 다를 바 없어 보인다. 죄는 끈질기게 우리를 따라다니고 넘어뜨리려고 한다. 너무 질겨서 끊어지지 않고, 우리 속에서 또다시 발견된다. 작은 틈만 생겨도 비집고 들어와 하나님의 사람들을 잡아 끌어내리는 것이 죄다. 그러나 그보다 더 집요하게 우리를 찾으시는 하나님의 은혜가 있다. 죄를 반복하는 우리의 연약함에도 불구하고 다시 기회를 주시는 하나님의 '은혜의 열심'을 바라보라. 주님의 은혜의 추적이 우리의 죄를 이긴다.

하나님 방식의 회복

온 이스라엘이 성회로 모여 금식하며 하나님을 바라고 구한다.

그 모든 순간, 이제는 주어진 임무를 든든히 감당하는 레위인들이 등장하며 다윗의 때의 역사가 재현된다.

율법의 회복은 예루살렘 성전의 회복을 통하여 실제가 된다. 성전이 곧 율법의 입체적 현현이기 때문이다. 이제 느헤미야는 이 모든 이야기의 중심에서 살짝 물러나, 성전을 바로 세우기 위한 기초 작업에 주목하게 한다. 느헤미야서 9장 1-6절은 레위인들이 맡은 바 역할을 수행함으로써 그들이 무슨 일들을 어떻게 행하는지를 구체적으로 보여준다.

역대상 13장을 보면, 다윗이 법궤를 너무 사모한 나머지 율법을 잊고 이방인들이 하는 방식대로 수레에 법궤를 싣는 장면이 나온다. 법궤를 움직여 올 때 다윗과 이스라엘 온 무리가 힘을 다하여 노래를 부르며 춤을 추었으나 궤를 붙든 웃사가 죽었고, 그 죽음을 통해 다윗은 이것이 사람의 열정만으로 되는 일이 아니라는 것을 깨닫는다. 이후 다윗은 말씀을 되새긴다. 그는 규례대로 제사장들과 레위인들을 성결케 하고 레위 자손이 하나님의 법궤를 어깨에 메게 한다. 웃사의 죽음을 통해 잃어버렸던 계명이 회복된 것이다. 하나님의 방식, 하나님의 방법이 회복되어야만 한다.

"모로 가도 서울만 가면 된다"라는 말은 예배에 해당되지 않는다. "우선 돈을 좀 벌어야죠. 그래야 교회에 헌금을 많이 하지 않나요? 어쨌든 나는 지금 성공해야 주님께 영광을 돌릴 수 있어요. 지금 세상 속에서 잠시 타협하는 것도 사실 주님을 위해서입니다."

아니다! 주님은 복채만 주면 수단 방법을 가리지 않고 복을 빌어 주는 무당들의 신이 아니다. 거룩하신 주님은 공의로우시다. 자신의 갈망과 목적, 자기의를 이루기 위해 원하는 것을 해달라고 떼를 쓰고, 그래서 신을 끌어내리려 하는 것은 우상숭배이다. 레위인의 회복, 그들의 기능의 회복은 곧 예배의 회복을 의미한다. 하나님은 우리의 열심이 아닌 하나님의 방식에 순종하기를 원하신다. 말씀의 회복이란 바로 그것이다.

말씀 회복이 가져오는 열정, 다윗의 장막

여호와의 율법이 낭독되고 말씀이 회복되는 감격은 주님을 향한 사랑과 주의 마음을 알고자 하는 열정의 부활로 이어진다. 이스라엘은 뜨거운 사랑과 갈망, 열심으로 하나님을 섬겼던 한 왕을 떠올렸을 것이다. 하나님께서 거하시는 장막을 세우고 밤낮으로 그분을 위한 예배와 기도가 멈추지 않게 했던 왕, 다윗이다. 백성들의 마음속에 불일 듯 일어나는 열정은 하나님을 바라보며 그분의 마음을 알고자 했던 다윗의 영, 다윗의 마음이 회복됨을 의미한다.

그 후에 그들이 왕을 구하거늘 하나님이 베냐민 지파 사람 기스의 아들 사울을 사십 년간 주셨다가 폐하시고 다윗을 왕으로 세우시고

증언하여 이르시되 내가 이새의 아들 다윗을 만나니 내 마음에 맞는
사람이라 내 뜻을 다 이루리라 하시더니 행 13:21,22

"이새의 아들 다윗을 만나니 내 마음에 들었다. 그가 내 뜻을 다
이룰 것이다." 하나님이 이 시대에 정말 하고 싶으신 일이 무엇인지
알기 바란다. 그리고 하나님의 마음에 맞는 자가 되기를 축복한다.
그 시작이 하나님과 사랑에 빠지는 것이며, 그 사랑은 말씀으로 돌
아갈 때 부어진다. 다윗이 24시간 하나님을 위한 찬양과 기도의 소
리가 멈추지 않는 일을 시작한 것은 그 사랑과 갈망 때문이었다. 쉬
지 않고 음악 소리를 내는 것 자체가 다윗의 장막의 목적은 아니다.
다윗의 장막의 핵심은 여호와의 말씀, 곧 첫 계명이 회복되어 친밀한
사랑의 관계 속에서 항상 그분과 동행하는 데 있다.

느헤미야서의 중후반부를 넘어가면서 성벽의 회복이 아닌 성전 기
능의 회복이 중심이 되었다. 성전 기능의 회복이란 이스라엘에서 일
어났던 영적 대각성의 목적이자 특징이다. 이는 다윗의 장막의 회복,
곧 다윗과 하나님과의 언약이 회복됨을 의미한다. 말씀과 율법의 본
질적인 의도와 의미가 실제화된 것이 다윗의 언약이기 때문이다.

이처럼 '성전'은 다윗의 때에 처음으로 선포되며 그 존재를 예고했
다. 다윗은 이스라엘 역사의 중심이 될 성전을 설계한다. 그리고 모
세의 성막(텐트)이 기준이 되었던 이스라엘의 신앙이 성전으로 전환
되기 위한 준비를 시작했다. 성전을 세울 재료부터 성전의 식양과

그 안에서 이루어질 일들이 다윗을 통해 하나하나 가시화되었고 이후 다윗의 아들 솔로몬에 의해 성전이 세워졌다.

다윗의 장막이 세워진 사건은 다윗 왕조와 통일 이스라엘의 핵심적 의미를 담고 있다. 다윗의 장막은 장차 임할 하나님나라의 상징이자 모습이고 계시이다. 느헤미야의 성벽 중수 이후 율법이 회복되고 성전의 기능과 목적이 회복되어가는 것은 곧 하나님이 다스리고 통치하시는 나라의 회복인 것이다. 위대한 인생, 위대한 역사는 하나님나라의 도래와 완성으로 종결된다.

나라가 임하시오며 뜻이 하늘에서 이루어진 것같이 땅에서도 이루어지이다 마 6:10

능력이 아니라 부르심이 있는가?

느헤미야서 9장 7-37절은 이스라엘이 그동안의 역사를 회고하는 내용이다. 이스라엘 백성은 하나님의 능력으로 애굽에서 나와 광야로 들어간다. 하나님은 이스라엘이 죄악을 반복하는데도 그들을 가나안에 들여보내서서 여리고성을 무너뜨리고 그 땅을 정복하게 하셨다. 사사들의 시대가 지나고, 약속의 땅 위에 다윗이라는 위대한 왕이 세워진다. 다윗은 하나님의 통치를 받는 나라 이스라엘이 서게 하였지만, 그의 아들로부터 또다시 우상숭배가 시작된다. 그러나 끈질긴 죄의 순환 속에도 끝까지 이스라엘을 추적하시는 하나님의 은혜가 있다. 죄에서 다시 회복시키시는 하나님의 집요하고 강력한 은혜이다.

7절부터 37절을 한마디로 이렇게 표현할 수 있다. "나의 실력과 능력이 아니라 부르심으로!" 세상에 능력 있는 사람은 참 많다. 그런데 하나님은 능력으로 사람을 쓰지 않으신다. 이스라엘처럼 수없이 기적을 체험하고도 계속해서 하나님을 배반하는 연약한 우리에게는 세상을 감당할 힘이 나올 수 없다. 하나님은 이스라엘을 이스라엘로 부르셨기 때문에 수많은 배반에도 불구하고 그들을 끊임없이 다시 찾아오셨다. 하나님께서 맺으신 언약이기에 하나님께서 지켜 나가신다.

능력이 아니라 부르심이다! 하나님께서 부르신 사람은 이스라엘처럼 넘어지고 자빠지고 다시 일어나면서 결국 그 부르심을 이룬다. 물론 실력이 있으면 자기 길을 빠르게 찾아갈 수 있고 고생도 덜 할 수 있겠지만, 주님은 실력 때문이 아니라 부르심 때문에 우리 인생들을 들어 쓰신다. 나는 연약하지만 하나님께서 이루시는 것이다.

우리의 각 심령에 하나님께서 주신 이름, 주께서 주신 부르심이 새겨지기를 축복한다. 하나님은 그런 자에게 집요하게 다가가신다. 하나님 편에서는 우리가 가진 능력이 중요하지 않다. 하나님은 하나님과 언약을 맺고, 그 언약 안에서 하나님을 하나님 되시게 하는 자들을 통해 자신의 일을 이루어가시기 때문이다.

용기를 가져라. 부르심이 분명하면 하나님께서 실력 또한 갖추게 하신다. 해결할 길을 보이시고, 지혜를 주시고, 도울 자들을 붙여 주신다. 실력이 있어도 부르심이 없는 인생은 의미 없는 재능에 끌려다니며 광야를 헤맬 뿐이다.

그 부르심을 살아내고 있는가?

이 시대의 많은 성도들이 목적과 이유를 상실한 채 교회에 나가고 있다. 나는 종종 오늘 이 나라의 교인들이 무신론자와 별반 다를 게 없다고 느껴진다는 표현을 하곤 했다. 그러나 나는 이 말이 지나치다고 생각하지 않는다. 많은 교회에서 집회를 섬기며 느끼는 안타까움이 있다. 부흥회라고 해서 모인 성도들이더라도 마른 뼈처럼 아무 생명력 없이 무기력하게 앉아 있을 뿐이다. 대부분 졸고 있거나 마지못한 표정으로 시계를 쳐다보기도 하고, 몇몇은 담임목사의 눈치를 보느라 은혜받는 척을 한다. 그들의 "아멘" 소리에는 하나님을 기대하는 마음도, 새로운 변화를 원하는 갈망도 없다. 영적 세계를 궁금해 하지도 않고, 우리에게 주어진 영적 기능조차 알려고 하지 않는다. 오직 하나님께 복을 받는 이야기를 듣고 싶어 하고,

눈앞에 닥친 난관에 대한 해답을 구할 뿐이다.

그러나 우리는 생존을 넘어 부르심을 살아내야 한다. 20년이 넘는 세월 동안 사역의 자리에서 생존을 위해 애쓰며 살아가는 사람들을 보아왔다. 입시, 취직, 내 집 마련, 승진과 사업의 확장 등 생존의 문제에 매여 이리저리 끌려다니던 사람들의 삶은 결국 가정과 주변 상황의 문제에 지쳐 후회와 아쉬움 속에 저물어가곤 했다. 그러나 우리가 하나님의 나라를 위해서 살면, 하나님께서는 우리에게 생존 너머 새로운 차원의 세계를 여신다. 우리의 가치를 하늘의 영원한 나라에 두라. 생존을 넘어, 경쟁을 넘어 하나님의 나라로 살라.

지금 전 세계 곳곳에서 벌어지는 일들은 그리스도인으로서 우리의 믿음과 신앙의 본질을 돌아보게 만든다. 비행기를 타고 반나절이면 도착하는 지구 반대편의 땅에는 예수 이름 때문에 끔찍하게 박해당하는 사람들이 있다. 예수를 믿는다는 이유로 무참한 살육이 벌어진다. 아이 앞에서 부모가, 부모 앞에서 아이가 도륙을 당한다. 저 멀리 갈 필요도 없다. 우리의 북녘 땅은 어떠한가? 성경을 본 적이 있다는 이유만으로 정치범 수용소에 끌려가고, 예수로 사상이 더럽혀졌다고 해서 머리가 깨질 때까지 맞는다. 주님을 믿는 믿음 때문에 무고한 우리 동포들이 피를 흘리고 있다.

우리는 자문해보아야 한다. '예수 믿다가 저렇게 개죽음 당하는 일이 내게도 일어난다면? 나는 왜 이 신앙을 지켜야 하는가? 저들은 어떻게 두려움과 억울함 속에서도 끝까지 예수님을 고백할 수 있는가?' 아무 고민도, 갈등도 없다면 우리는 교회에 나가고 있는 기복주의자일 수 있다.

위대한 역사 속 위대한 인생은 실력과 능력으로 그것을 성취해낸 자들이 아니다. 하나님의 나라는 실력과 능력으로 세워지지 않는다. 실력자도, 능력자도, 좋은 배경을 가진 자들도 많다. 그런 사람들은 세상에 차고 넘친다. 본문에 열거된 이스라엘의 넘어짐과 일어섬의 반복적 역사가 보여주는 것은 무엇인가? 하나님의 열심과 그 안에 머무르며 순종하는 자들을 통해 성취된 위대한 역사이다. 하나님의 남은 자, 곧 부르심의 자리를 사수하며 부르심을 지켜낸 자들을 통해서 하나님의 나라는 멈추지 않고 전진한다는 선포이다.

위대한 역사, 위대한 인생을 살아낸 자들에게 있어야 할 것은 실력도 능력도 배경도 아닌 바로 '부르심'이다. 그들은 부르심의 자리에서 그 부르심을 이루어 가시는 하나님의 열심과 기름부음을 따라간 자들이다. 생존을 넘어, 경쟁을 넘어 하나님의 나라로 서라! 실력과 능력과 배경이 아닌 부르심으로, 주님의 기름부음으로 위대한 소원을 이루어내자.

이렇게 기도하자!

1 레위인이 회복되고 교회가 회복되기를 위하여 기도하자. 마지막 때, 주님의 임재를 하나님의 모든 백성에게 운반할 강력한 예배자가 세워지도록 중보하자.

"바벨론이 키운 어둠의 예배자들을 이길 하나님의 예배자들이 서기 원합니다. 잃어버렸던 레위인들이 세워져서 온 열방으로 보내지도록 역사해주옵소서. 세상 사람들을 놀라게 하는 성령의 사람들의 찬양과 말씀 선포를 통해 하나님나라를 보여주옵소서. 주여, 다윗의 장막을 세우는 부르심을 이루게 하옵소서. 혹자는 레위인으로, 혹자는 그들을 먹이는 나머지 열 지파로 세워주옵소서."

2 하나님의 은혜의 추적에 감사드리자. 주님의 은혜에 순복하고 내 삶을 올려드리자.

"하나님, 하나님의 은혜의 추적을 외면하지 않겠습니다. 여기까지 저를 버리지 않고 추적해오신 하나님께서 앞으로도 그리하실 것을 믿습니다. 주님, 감사합니다. 주의 은혜 앞에 제 삶을 드리오니, 주의 뜻대로 사용하옵소서."

3 담대히 부르심을 향해 나아가도록 주님의 마음이 부어지기를 기도하자.

"하나님, 저의 실력이 아니라 주님의 은혜로 제 삶의 부르심을 이루실 것을 믿습니다. 제 안에 부르심을 향해 달려가기를 주저하고 두려워했던 마음이 변화되게 하옵소서. 저의 어눌함이나 죄에 대한 연약함을 더 이상 주목하지 않겠습니다. 오직 제가 순종할 때 주님의 능력, 주님의 은혜가 제 삶을 통해 주님의 역사에 동참하게 하시어 부르심을 이루게 하실 것을 믿습니다."

CHAPTER 10

여호와의 전을 지키겠나이다

느헤미야서 10:28-39

부르심이 있는 인생

느헤미야서 10장부터는 본격적으로 여호와의 전, 즉 다윗의 장막이 회복되기 시작한다. 다윗의 장막은 부르심과 연결된다. 앞서 이 은혜의 추적을 한마디로 '실력이 아니라 부르심'이라고 정리했다. 하나님은 실력이 있다고 부르시지 않는다. 주님은 부르심이 있는 그 인생을 쓰신다.

우리는 광야에서 만나와 메추라기를 먹고 구름 기둥과 불 기둥을 구경하다가 삶을 마치도록 부름 받지 않았다. 광야에서 체험한 기적을 간증하다가 광야에서 죽어버리는 저주가 끊어지기 바란다. 우리는 가나안이라는 부르심의 자리로 계속해서 나아가야 한다.

인내할 수 있는 능력, 고난을 통과할 수 있는 능력도 부르심이 분명할 때 생긴다. 어느 날 '내가 무엇을 위해 이렇게 살고 있지?'라고 한숨이 쉬어지고 공허해질 수 있다. 슬그머니 다시 기어 나오는 내적인 적들에 전복되는 일이 없기를 축복한다.

우리 하나님의 전

우리가 이 모든 일로 말미암아 이제 견고한 언약을 세워 기록하고 우리의 방백들과 레위 사람들과 제사장들이 다 인봉하나이다 하였느니라 느 9:38

그 인봉한 자는 하가랴의 아들 총독 느헤미야와 시드기야, 느 10:1

10장은 크게 두 가지를 이야기한다. 먼저는 레위인의 헌신과 결단에 대해서다. 히브리 원어 성경에 따르면 9장과 10장 27절까지가 한 문단으로 9장 38절의 인봉 언약과 10장 1절의 명단이 이어진다. 9장 38절은 무엇을 인봉한 것인가? "우리가 이제 여호와의 말씀을 지키겠습니다. 우리가 언약 백성으로서 아브라함 때부터 우리를 이끄신 하나님만을 섬길 것입니다. 시내산에서 하나님과 우리가 맺은 언약과 하나님의 계명들을 지키겠습니다." 여호와의 언약 백성으로 하나님의 말씀을 지킬 것에 대한 약속의 인봉이다. 이들이 맺은 언약은 신명기 언약을 의미한다.

느헤미야서 10장의 핵심 구절은 마지막 39절이다. "우리가 우리 하나님의 전을 버리지 않겠습니다." 10장은 버려졌던 하나님의 성전을 지키고 회복하겠다는 굳은 의지를 나타낸다. 32절부터 반복되는 키워드 역시 '하나님의 전', '여호와의 제단', '여호와의 전'이다.

> … 그리하여 우리가 우리 하나님의 전을 버려 두지 아니하리라
>
> 느 10:39

신명기의 회복은 "첫 계명을 첫 자리에" 두는 것으로 본문은 하나님을 사랑하는 첫 계명의 회복을 우리에게 도전한다. 39절은 하나님과의 사랑의 관계를 다시는 버리지 않겠다는 고백이다. 10장을 읽어나가는 동안, 우리에게도 이런 고백들이 다시 일어나기를 바란다.

내 안에 하나님보다 사랑하는 것이 무엇인지 분별하고, 그것을 인봉하여 하나님께 드리자. "하나님, 내가 하나님보다 사랑하는 것, 그래서 하나님께 나아가는 것을 방해하고 내 전심을 드리지 못하도록 나를 혼미케 하는 것들을 버리겠습니다." 이처럼 주님을 내 삶의 첫 자리에 두겠다는 고백은 모든 그리스도인의 고백이 되어야 한다. 모든 성도의 삶의 첫 자리에 주님이 계셔야 한다. 우리의 '가장 높은 부르심'은 주님에 대한 사랑을 지켜나가는 자리이다.

가장 높은 부르심

가장 높은 부르심이란 무엇을 의미하는가? 문명과 멀리 떨어진 오지로 선교를 나가는 것이 가장 높은 부르심일까? 아무도 모르게 가난하고 병든 자들을 돕는 삶이 높은 부르심에 해당할까?

중고등부 사역을 할 때 만났던 한 친구가 있다. 그는 교회의 분위기 메이커였다. 만능 스포츠맨에 학업 성적도 좋았다. 어느 날 빈 예배실에서 노트를 하나 발견했다. 누구의 것인지 알기 위해 펼쳐본 노트 속에는 그 친구의 내면의 고통이 가득 차 있었다. "나는 오늘도 엄마의 한 맺힌 소리를 뒤로하고 학교를 향한다. 아버지를 향한 엄마의 원망들은 내 존재를 부정하고 싶은 원통함으로 들린다. 내가 삶을 살아갈 의미는 도대체 어디에 있는가?"

나는 지금도 가끔씩 그 노트의 내용을 떠올린다. 사랑하는 성도들이 겉으로는 웃고 있어도, 그 이면에 아무에게도 말 못할 아픔을 가지고 있지 않은지 목회자로서 늘 마음속에 되새기고 싶기 때문이다. 그렇다면 목사가 가장 높은 부르심인가? 아니다. 지도력을 발휘해야 하는 부르심의 자리에 있을 뿐이다. 목회자의 특성상 사람들의 인정을 받기는 쉽겠지만 하늘의 상급이 얼마나 쌓여 있을지는 알 수 없다.

예수께서 이르시되 네 마음을 다하고 목숨을 다하고 뜻을 다하여 주

너의 하나님을 사랑하라 하셨으니 이것이 크고 첫째 되는 계명이요

마 22:37,38

가장 높은 부르심은 눈에 보이는 대단한 일이 아니다. 목숨을 걸고 첫 계명을 첫 자리에 돌아오게 하는 일이다. 아무리 대단한 주(主)의 일을 하는 것 같아도, 첫 계명이 첫 자리에 놓여 있지 않다면 본질에서 떠난 것이다. 어떤 사람은 정치 영역, 어떤 사람은 미디어 영역, 어떤 사람은 교육 영역, 어떤 사람은 가정 영역에서 첫 계명을 지켜나가야 한다. 첫 계명을 살아내는 그 자리가 바로 부르심의 자리이다.

첫 계명의 회복

느헤미야서 10장에서 이스라엘은 "우리가 여호와의 법을 몰라 이렇게 살았구나!" 탄식하며 정들었던 이방인 아내와 자식들을 눈물로 떠나보낸다. 하나님과의 사랑의 언약을 지키기 위해, 하나님보다 더 사랑했던 것들을 잘라내기 시작한다. "마음을 다하고 목숨을 다하고 뜻을 다하여 주 너의 하나님을 사랑하라!"고 하신 첫 계명이 첫 자리에 오도록 삶의 각 영역과 모든 사역의 첫 자리에 첫 계명을 두어야 한다. 이 율법이 회복된 자들만이 주님과 동행하는 삶,

그분을 향한 갈망의 상징인 '다윗의 장막'을 이해한다.

신부와 음녀의 차이가 무엇일까? 자신의 매우 값진 옥합을 깨뜨려 주님의 머리털에 향유를 부은 죄 많은 여인, 그가 그렇게 할 수 있었던 것은 오직 예수님을 사랑하기 때문이었다. 반면 음녀가 주는 위로와 안식과 기쁨은 그 목적부터 다르다. 음녀의 동기는 자신이 원하는 바를 얻기 위한 일종의 교환이다. 요구하는 조건만 맞는다면 음녀는 몸이라도 주어서 원하는 바를 쟁취할 것이다.

> 이스라엘아 들으라 우리 하나님 여호와는 오직 유일한 여호와이시니
> 너는 마음을 다하고 뜻을 다하고 힘을 다하여 네 하나님 여호와를
> 사랑하라 신 6:4,5

첫 계명이 회복되면 우리가 어느 자리, 어떤 위치에서 사역하든지 그것은 중요하지 않다. 사랑이 없는 섬김은 우상숭배이다. 사랑이 없는 체험은 신비주의이고, 사랑이 없는 성경에 대한 논의는 율법적 행위일 뿐이다. 이 시대에 다윗의 장막이 다시금 주목받는 이유가 있다. 마지막 때가 가까울수록 주님은 주님과 우리 사이에 온전한 사랑 이외의 다른 이물질이 끼지 못하도록 교회를 단장하신다. 나는 이 사랑에 사로잡힌 자들이 주야로 하나님을 구하는 다윗의 장막의 의미와 가치에 동의한다. 그 어떤 값 지불을 하더라도 예배를 선택하는 삶, 주님의 마음을 구하고 바라는 신부들이 깨어나고 있다.

지금 하나님보다 사랑하는 것이 있지는 않은지 마음 깊은 곳을 들여다보라. 하나님보다 더 사랑한 대상들이 다 버려지기를 축복한다.

둘째 계명의 회복

가끔 기도와 예배에 자신의 삶을 구별하여 드린 레위인적 삶을 사는 사역자들을 향해, 그들의 헌신과 사역을 낭비라고 말하는 사람들을 만나기도 한다. 성전을 향한 주님의 마음과 뜻, 그 의미를 보지 못하면 다윗이 행한 일의 위대함과 레위인적 삶의 숭고함을 알수 없다.

선교의 역사를 보라. 선교는 선교라는 이슈의 논리나 이론에 따라서, 혹은 선교학교를 통해 그 사명을 감당하는 자들이 세워지는 것이 아니다. 부흥이 일어날 때 선교에 헌신하는 일들이 따라서 일어났다. 부흥은 하나님께서 우리를 긍휼히 여기사 마른 뼈와 같은 우리에게 찾아와주시는 것이다. 하나님의 영광을 다윗처럼 맛본 자들이 "주여, 아무것도 원치 않습니다. 제가 가겠습니다" 하고 선교사로 헌신하는 것이다.

그래서 선교는 부흥의 때에 일어난다. 누가 선교를 가르치지 않았고 선교회라는 조직도 없었을 때, 그때라도 하나님의 심령이 부어진 젊은이들은 오지로 나아갔다. 선교단체가 세워지고 선교 행정 조직이 생겨나는 것은 그 후의 일이다. 첫 계명이 첫 자리로 돌아올 때, 그래서 가장 높은 부르심이 회복될 때 둘째 계명의 회복이 일어난다. 자원하여 선교지로 나아간 하나님의 사람들이 바로 이런 회복 안에서 일어난 것이다.

우리에게 왔던 언더우드나 아펜젤러는 가난한 집안의 자제들이 아니었다. 당시 많은 선교사가 대개 귀족 출신이었고 유럽에서 최고의 학문을 배운 젊은이들이었다. 영국의 토마스 선교사가 조선에 발을 딛자마자 목이 잘렸다는 소문을 그들도 들었을 것이다. 그러나 언더우드, 아펜젤러, 말콤 펜윅, 아도니람 저드슨 같은 사람들은 두려움 없이 기도했다. "하나님, 그 민족을 위해 저를 보내주십시오." 그들의 심령에서 첫 계명이 불타오르고 있었기 때문이다.

강력한 예배의 회복으로 인한 강력한 하나님의 임재는 우리의 삶에서 첫 계명을 첫 자리로 회복한다. 내 이웃을 내 몸같이 사랑하라는 둘째 계명의 회복은 이렇게 가능해진다.

이렇게 기도하자!

1 첫 계명이 회복되기를 기도하자.

"주님, 제가 하나님보다 위에 두고 있어서 인봉해야 할 것들이 무엇입니까? 가족입니까? 연인입니까? 명예입니까? 안정된 직장입니까? 쾌락입니까? 나의 자존심입니까? 돈입니까? 여호와를 이 모든 것보다 위에 두겠습니다. 하나님을 사랑하는 줄 알았는데, 자식을 더 사랑했고 제게 주어진 환경을 사랑했고 제가 만들어놓은 종교적 의를 더 사랑했습니다. 모두 버리고 욥의 고백과 같이 주님이 단련하심으로 정금과 같이 되어 나오게 하옵소서."

2 첫 계명을 회복한 강력한 예배자들이 세워지기를 중보하자.

"주님의 얼굴만을 구하는 예배자들이 서게 하옵소서. 등 떠밀려 억지로 주께 나아가는 것이 아니라 시편 110편 말씀처럼 새벽이슬 같은 주의 청년들이 즐거이 헌신하여 주께 나아가게 하옵소서."

3 첫 계명의 회복이 둘째 계명으로 실제가 되도록 기도하자.

"주님, 이 땅에 하나님을 향한 불같은 사랑을 품은 자들을 일으켜주옵소서. 사랑의 불로 나의 젊음과 온 인생을 드리기를 주저하지 않으며 둘째 계명을 감당할 세대들을 세워주옵소서. 이 땅의 교회 위에 오직 하나님을 사랑하며, 내 이웃을 내 목숨처럼 사랑하는 능력이 더욱 부어지기를 기도합니다."

PART 4

지성소의
영광

—

성전이 되다

Be the house of God

오늘날 교회는 진부하고, 시대에 뒤떨어지고, 영 재미없는 곳으로 여겨진다. 특히 한국 기독교의 상황은 더 초라하여 처참해 보일 지경이다. 많은 사람이 기독교를 '개독교'라 말하고, 교회를 독선가나 사기꾼들이 모여 있는 곳쯤으로 여긴다. 연령대가 낮아질수록 성도의 비율은 더 떨어진다. 캠퍼스에서 활동하는 그리스도인이 1퍼센트 안팎이라고 하니 미전도 종족 수준이다.

교회를 보는 시선과 교회에 대한 이해가 다시 사도행전의 그것으로 바뀌기를 바란다. 사도행전 5장 10-14절을 보면, 사람들은 하나님의 기적에 놀라며 또한 그의 영광 앞에서 두려워했다. 우리는 현저한 하나님의 부흥을 위해 기도해야 한다. 하나님의 부흥이 와야 주님의 살아 계심과 그의 영광이 교회를 통해 드러날 것이다. 교회 위에 임한 주님의 영광으로 그리스도 예수의 아름다움과 십자가 안의 생명을 세상에 알려야 한다.

에베소서 1장 20-23절에 교회는 만물 안에 계신 그리스도의 몸으로 표현된다. 십자가 종탑 아래서만 치유가 일어나는 것이 아니라 집이나 일터에서도 하나님의 충만함이 드러나기를 축복한다. 직장에 아픈 동료가 있다면 함께 기도하라. 기도할 때 일어나는 역사를 경험하기 바란다. 하나님나라의 능력은 교회라는 장소나 목사님들을 통해서만 나타나는 것이 아니다. 왕 같은 제사장인 우리에게, 성령으로 속사람이 강건케 회복된 모든 자에게는 주님의 권세가 있다. 이것이 만물 안에서 만물을 충만케 하는 교회이다.

CHAPTER 11

성전의 기능을
회복하라

느헤미야서 11:1–6, 19–24

성전 기능의 확립을 위한 첫 걸음

다윗이 왜 위대한가? 다윗은 하나님께서 무엇을 원하시는지 아는 사람이었다. 많은 사람이 주를 섬기는 일을 두고 타협을 시도한다. "하나님, 이 문제만 해결해주시면 주님을 섬기겠습니다." 그들 중 대부분이 자신의 아쉬움이 해결되면 주께 드린 고백을 쉬이 잊는다. 그러나 다윗은 그렇지 않았다. 십 대에 기름부음을 받았지만 다윗이 왕이 되기까지 그는 감당하기 어려운 두려움과 좌절, 수치, 원통함과 배신의 시간을 견뎌야 했다. 그리고 마침내 왕이 되었을 때, 쫓겨 다닌 세월만큼이나 얼마나 많은 일을 하고 싶었겠는가? 그런데 당당히 온 이스라엘의 왕이 되었을 때 다윗은 가장 먼저 법궤를 찾는 일부터 했다. 여호와의 법궤를 찾는 그의 행동은 반사적이었다.

역대상 15장 이하는 하나님의 궤를 옮기기 위해 다윗이 한 일들을 기록하고 있다. 다윗은 전국으로 도망가버린 레위인들을 불러모았다. 레위인을 모은 다윗은 하나님을 위한 최고의 예배와 경배를 드리도록 했다. 그가 다스리던 33년 동안, 지금 우리 돈으로 환산하면 수십조에 해당하는 국가 예산이 매년 예배에 쏟아부어졌다. 요한복음 12장에서 마리아가 지극히 비싼 향유를 예수님의 발에 붓자 유다는 이 향유를 팔면 가난한 자들을 구제할 수 있었겠다고 말했다. 그의 생각의 중심에 하나님이 계시는가? 다윗은 우리의 예배를 받으시기에 합당하신 그분이 예배를 받으시도록 했다. 그는 가장 높은 부르심이 무엇인지 알았던 사람이다.

느헤미야서 11장의 주제는 성전 기능의 확립이다. 이스라엘은 택함 받은 선민으로서 하나님을 예배하고 섬기는 성전 중심의 삶과 그를 위해 직무를 감당할 레위인들의 시스템을 견고히 한다. 이는 가장 높은 부르심을 살아내기 위한 내면의 회복과 연결된다. 내 안에 레위인의 기능이 작동할 때, 부르심을 감당할 힘이 순환된다. 목사도 아니고 오지의 선교사도 아니고, 어느 자리에서든 하나님이 하나님 되시게 하고 최고의 사랑을 올려드리는 자가 가장 높은 부르심에 응답하는 사람이다. 그런 사람만이 내 이웃을 사랑하는 둘째 계명을 이룰 수 있다.

예루살렘에 남는다는 의미

백성의 지도자들은 예루살렘에 거주하였고 그 남은 백성은 제비 뽑아 십분의 일은 거룩한 성 예루살렘에서 거주하게 하고 그 십분의 구는 다른 성읍에 거주하게 하였으며 예루살렘에 거주하기를 자원하는 모든 자를 위하여 백성들이 복을 빌었느니라 느 11:1,2

느헤미야서 11장 1절에 예루살렘에 남아 살게 된 백성을 주목하여 보라. 성벽을 짓기 위해 모였던 사람들은 공사를 끝내고 각기 성읍으로 돌아간다. 백성의 지도자들은 선택의 여지없이 예루살렘에 거하였지만, 그들 외에도 누군가는 예루살렘에 거주해야 했다. 이스라엘은 제비를 뽑아 십분의 일에 해당하는 자들을 남기기로 한다. 그런데 예루살렘에 거주하기를 자원하는 자들이 있다. 그들은 성전의 외벽을 회복한 이후 주님의 나라로서 살아가는 부르심을 택한 결단과 의지를 보여준다.

1. 성전의 기능을 회복함

11장의 주제인 성전 기능의 확립, 즉 '원형 회복'을 위해 이들은 예루살렘에 남았다. 빈껍데기만으로 할 수 있는 일들은 없다. 내적 기능들이 작동되어야만 비로소 제 기능을 온전히 발휘하게 되듯이, 이

들이 남는다는 것은 하나님께서 본래 성전을 세우신 기능들을 회복
시키신다는 것을 의미한다. 누군가는 성전의 기능을 활성화시키기
위해, 성전의 심장과 폐의 기능을 감당해야 한다. 기도하고 예배함
으로 성전을 여호와께서 거하시는 주님의 처소로 만들고 그 임재를
지켜야 한다. 따라서 하나님의 현저한 임재가 올 때까지 그 영광을
구하며 운반할 레위인들이 교회에는 반드시 필요하다. 이는 성전의
기능이 활성화되어 오장육부가 움직이고 혈관을 통해 온 몸으로 피
가 흘러가기 시작하는 일이다.

2. 침략의 위험을 감수함

그들이 내게 이르되 사로잡힘을 면하고 남아 있는 자들이 그 지방 거
기에서 큰 환난을 당하고 능욕을 받으며 예루살렘 성은 허물어지고
성문들은 불탔다 하는지라 느 1:3

예루살렘에 머무는 자들은 침략의 위험을 감수해야 했다. 느헤미
야서 1장 3절을 보면 예루살렘으로 돌아와 거주하던 자들이 큰 환
난을 당하고 능욕을 받았다고 했다. 그들이 호시탐탐 공격의 대상
이 되었다는 것이다. 부르심의 약속을 지키기 위한 자리에서는 때로
대적의 공격 목표물이 될 수 있다. 그러나 두려워하지 말라. 하나님
은 당신 안에서 용기를 갖는 자들을 보호하시며, 부르심을 사수하

려는 자들에게 감당할 능력을 주신다. 어떠한 값 지불을 해서라도 부르심을 지키겠다는 각오와 의지를 갖기 바란다.

3. 하나님만이 공급원이 되심

하나님만을 공급원으로 살아야 한다는 의미이다. 10장 32절부터 39절까지는 백성들이 "성전의 제사장들을 굶기지 않겠습니다. 십일조를 바치겠습니다"라고 맹세하는 내용이다. 그런데 맹세와 다르게 이스라엘의 역사 속에서 성전을 지키는 전임 사역자들(레위인)을 위해 물질을 구별하는 행위는 재개와 중단을 반복했다. 심지어 산발랏과 도비야와 게셈 같은 사람들이 레위인에게 주어진 몫을 빼앗기도 했다. 하지만 남은 자들은 사람의 말을 믿고 남은 것이 아니다. 내일을 알 수 없는 불안한 시대적 상황, 반복되는 역사에도 불구하고 여호와를 신뢰하기로 한 사람들이 남은 것이다.

4. 구별되고 성별되는 삶

예루살렘에 남는다는 것은 구별되고 성별되는 삶을 의미한다. 본문은 의도적으로, "십분의 일은 거룩한 성 예루살렘에서 거주하게" 한다고 기록한다. 이스라엘 전역이 다 선택받은 땅이지만, 그중에서도 예루살렘은 주님의 성전이 있는 거룩한 곳이다. 이들은 구별된 삶을 살겠다고 자원하는 자들이다. 느헤미야서 1장부터 3장에서 하나님의 위대한 소원을 가진 사람이 위대하게 쓰임 받기 위해 해야 할 일 중에 하나가 성별(聖別)이었다. 예루살렘에 살겠다는 것은 '성별의 삶'을 선언하는 것이다.

5. 인봉 이후 실제적으로 주님을 선택함

이들은 인봉 후에 실제적으로 주님을 선택한 자들이었다. 여호와의 규례와 율례를 지키겠다는 고백을 삶의 일부분에 적용한 것이 아니라, 성전과 예루살렘의 회복이라는 비전을 위해 전적으로 헌신한 자들이다. 혹 우리 안에 하나님보다 더 사랑하는 대상이 있는가? 주님의 자리를 원수에게 내어주는 모든 대상이 버려지기를 바란다. 누군가에게는 자녀, 누군가에게는 직장, 누군가에게는 자존심일 수도 있다. 그러나 주님을 선택함으로 삶의 모든 영역 가운데 인봉되어야 할 일들이 이행되기를 축복한다.

내면의 성전 회복

성전의 회복 과정은 작게는 영혼의 지성소, 우리 내면의 회복을 의미한다. 하나님께서는 성경 곳곳에서 성전을 가리켜 "내 집"(my house) 또는 "거하실 처소"(dwelling place)로 표현하셨다. 성령의 시대를 살아가는 우리는 주님이 머무실 그분의 처소가 되었다. 우리의 내면이 깨끗하지 않다면 주님은 더러운 곳에 거하시는 것이다. 주님이 안식하시도록 우리 내면의 지성소를 깨끗이 하기를 바란다.

원형의 회복

예루살렘에 남는 이들은 멈춰 있던 성전의 기능들을 회복해야 한다. 누군가는 제사장으로, 누군가는 문지기로, 누군가는 노래하는 자로 각자 역할이 다를 뿐 모두 레위 지파에 속한 자들이다. 레위 지파 중 아론의 후손들이 제사장이 되고, 그 외 레위 지파의 또 다른 가문에서 노래하는 자들이 나온다. 이렇듯 레위인에게 맡겨지는 역할을 크게 네 가지로 나눌 수 있는데, 이는 각 사람의 내면에서부터 회복되어야 할 네 가지 영적 기능과 정체성을 상징한다. 위대한 역사, 위대한 인생을 살아내는 자들의 실천적 기능적 정체성이다.

1. 제사장의 기능 - 중보자

제사장적 기능의 회복은 중보적 삶의 회복을 의미한다. 한 메시아닉 유대인 리더가 해준 이야기이다. "유대인들은 매일 출퇴근길에 회당에 갑니다. 그때 적게는 10여 명에서 많게는 2,30명이 늘 회당에 있습니다. 이들이 회당을 찾는 유일한 이유는 기도하기 위해서입니다. 유대인들의 기도는 먹고 사는 문제를 구하는 데 있지 않습니다. 우리는 아브라함 족속, 이새의 뿌리에서 나올 메시아, 온 열방을 통치할 메시아가 속히 오시기를 기도합니다." 유대인들은 지금도 메시아의 통치가 임하기를 매일 기도한다. 메시아닉 유대인 리더는 "오늘날의 기독교는 택한 백성으로의 제사장적 정체성을 회복해야 합니다"라고 지적했다.

그리스도인이 이 땅을 축복하고 하늘과 땅을 연결하지 않는다면 누가 이를 대신할 수 있겠는가? 예수님은 마태복음 6장 산상수훈에서 기도를 몸소 가르쳐주셨다. "그런즉 너희는 먼저 그의 나라와 그의 의를 구하라 그리하면 이 모든 것을 너희에게 더하시리라"(마 6:33). 혹시 우리의 기도 순서가 바뀌어 있지 않은가? 먼저 그의 나라와 의를 구하는 것이 우리의 의무이다. 아버지의 의무는 그러면 모든 것을 더하시는 것이다. 기도는 먹는 것, 입는 것을 구하며 드리는 치성이 아니다. 주기도문적 기도, 곧 아버지의 이름이 거룩히 여김을 받는 기도, 하늘에서 이루어진 뜻이 땅에서도 이루어지기를 구하는 기도의 단계로 성장하기 바란다. 이 중보적 기능, 제사장적 정체성이 우리 안에 회복될 때, 우리의 마음이 하나님의 마음과 가까워진다.

2. 말씀 맡은 자의 기능 - 교사

말씀을 맡은 레위인의 기능이 회복되어야 한다. 이들은 말씀을 보존하고 선포하는 자들이다. 이스라엘이 율례와 규례를 바로 알고 준행하도록 가르치며, 말씀을 낭독하고 선포한다. 느헤미야서 8장부터 등장하는 학사 에스라를 비롯해서 백성을 가르치는 레위인이 그들이다. 우리에게는 말씀을 읽고 듣고 씨름하여 말씀을 살아내야 할 부르심이 있다. 묵상의 자리에서 여호와의 음성을 기다리자. 성경을 읽고 암송하며 하나님이 무엇을 말씀하시는지 듣고 순종하는 삶을 살자. 나 자신의 삶을 넘어 진리가 회복되어야 하는 영혼들에게 말씀을 먹이는 자로 성장하라. 이것이 예배의 삶이며 레위인적 삶이다.

3. 문지기의 기능 - 파수꾼

문지기는 파수꾼이다. 이들은 싸울 수 있는 자들이다. 우리는 우리의 육체가 언제든지 적과 내통하여 원수에게 문을 열어줄 수 있는 죄의 바이러스를 갖고 있다는 것을 기억해야 한다. 부활한 몸을 입기 전까지, 육신은 죄에 빠르게 반응하며 원수에게 틈을 내어주려 할 것이다. 따라서 우리가 내적 충만함을 유지하고 지키기 위해서는 영적 싸움을 해야 한다. 성령 충만을 사수하기 위해 파수꾼으로

서라. 죄와 씨름하고 투쟁하며 값 지불하는 것을 성가시게 여겨서는 안 된다.

그리스도인은 착하고 윤리적이고 도덕적인 모범생이 아니다. 그리스도인은 세상과 구별되어 하나님나라에 속한 군대로서 전쟁하는 자들이다. 이는 느헤미야서 4-6장을 통과하며 다룬 '내가 회복되기 위한 차원'의 싸움을 말하는 것이 아니다. 우리는 하나님께 돌아가야 할 영광을 되찾고, 주님의 이름으로 죄의 저주에 매인 자들을 자유케 하는 군사이다. 하나님나라의 전진을 위해 수동적 전쟁이 아닌 능동적, 공격적 전쟁을 선포하고 수행하는 자들이 되어야 한다. 군사는 그리스도인의 중요한 정체성이다.

주 여호와의 영이 내게 내리셨으니 이는 여호와께서 내게 기름을 부으사 가난한 자에게 아름다운 소식을 전하게 하려 하심이라 나를 보내사 마음이 상한 자를 고치며 포로 된 자에게 자유를, 갇힌 자에게 놓임을 선포하며 여호와의 은혜의 해와 우리 하나님의 보복의 날을 선포하여 모든 슬픈 자를 위로하되 무릇 시온에서 슬퍼하는 자에게 화관을 주어 그 재를 대신하며 기쁨의 기름으로 그 슬픔을 대신하며 찬송의 옷으로 그 근심을 대신하시고 그들이 의의 나무 곧 여호와께서 심으신 그 영광을 나타낼 자라 일컬음을 받게 하려 하심이라 사
61:1-3

그리스도인은 원수를 향해 포효해야 한다. 이 시대에 진리를 왜곡하는 사탄의 전략들이 무차별적으로 교회를 공격하며 세상을 장악해가고 있다. 이 나라 역시 급작스러운 변화의 물결 속에서 요동친다. 동성애라는 한 가지 예를 생각해보자. 마귀는 진리가 없는 사랑, 여호와의 기준에서 벗어난 사랑을 참 사랑이라고 말한다. 동성애든, 양성애든, 우리의 육(肉)이 원하는데 무엇이 그리 잘못되었느냐고 물어온다. 한껏 포장된 동성애는 사람들의 마음을 빼앗고, 성경의 사랑을 가짜 사랑으로 만든다. 그러나 진리의 기준과 식양을 잃어버린 사랑은 기껏해야 충동과 자극으로 얼룩진 욕정일 뿐이다.

문지기는 용사이다. 그들은 전투하는 삶을 산다. 성전의 임재를 보호하기 위해 적의 출입을 막고, 성전 기물들을 지키며 레위인을 보호한다. 위대한 소망이 심겨졌다면 영적 전쟁을 피하지 말라. 문지기의 기능이 우리 안에서 깨어나고 회복되기를 축복한다.

그의 힘의 위력으로 역사하심을 따라 믿는 우리에게 베푸신 능력의 지극히 크심이 어떠한 것을 너희로 알게 하시기를 구하노라 엡 1:19

두나미스(힘의 위력), 크레토스(역사하심), 이스쿠오(베푸신 능력), 이 힘과 능력과 권세가 우리에게 주어졌다. 우리는 하나님의 나라로 어둠을 이길 수 있다.

4. 노래하는 자의 기능 - 예언적 경배자

우리 내면에 수축해야 할 또 한 가지 정체성은 "노래하는 자"이다. 역대상 25장은 이들을 가리켜 "신령한 노래하는 자"라고 표현한다. 이들은 단순한 노래가 아니라 주님의 마음과 뜻을 예언적으로 노래하는 자들로서 '하나님과 소통하는 자'를 의미한다.

'예언적 기능'은 내적 충만함의 모습이자 그것을 유지하는 요소 중 하나이다. 주님의 음성을 들으며 그분의 임재 안에 동행하기 위해서는 하나님과 소통할 수 있는 능력이 필요하다. 특별히 주님은 리더십들을 세우실 때 이를 위한 훈련의 과정을 거치신다. 하나님의 뜻을 분별하는 것과 연결되기 때문이다.

앞서 6장에서 이세벨의 영에 대해 다루었다. 이세벨의 영은 왕(지도자)이 무능할 때 틈을 탄다. 주님의 마음을 받은 선지자들이 왕에게 그 감동을 전달하다보면, 분별력을 잃는 왕들이 생기기도 한다. 그들은 선지자들에게 경외감을 느끼며 무조건적 순종을 감행한다. 이세벨의 영은 그 사이에서 활동한다. 그러나 왕권을 받은 자들이라면 조종의 영에 더럽혀져서는 안 된다. 다윗이 밧세바를 취하고 우리아를 죽인 일로 선지자 나단에게서 책망을 받았을 때 행한 일을 보라. 그는 자신의 죄를 드러낸 선지자 앞이 아닌 하나님 앞에 무릎을 꿇었다. 역대상 25장은 하나님의 성전에서 맡은 일을 할 때에 예언자, 선지자들이 왕(다윗)의 지휘 아래에 있었다고 말한다. 왕권을 받은 자가 사명을 감당하기 위해서, 그리고 하나님나라의 뜻을 모두가 함께 이루기 위해서는 철저한 질서 안에 동역해야 한다.

하나님의 뜻을 분별하는 씨름과 훈련은 지도자가 되기 위해서 반드시 거쳐야 하는 과정이다. 물론 누군가에게 기도 제목을 나누고 자문을 구할 수 있다. 때로 은사가 풀어지는 가운데 하나님의 마음을 전달받을 수도 있다. 그러나 최종 선택은 스스로 내려야 한다는 것이 지도자와 지도자가 아닌 사람의 중요한 차이이다. 물론 결정은 쉽지 않다. 피곤하고 두렵기도 하다. 그러나 이 부담과 피로를 회피하고자 결정을 위한 씨름을 하지 않은 채 선지자(선지자적인 사람)에게 맡겨서야 되겠는가?

이세벨의 영이 틈탈 기회를 주지 말라. 하나님과 독대하는 자들이 많이 일어나기를 바란다. 위대한 역사를 이루는 자의 조건 중 하나가 하나님과 소통하는 영성이라는 것을 기억하라. 질서 안에서 각자의 분량대로 자기 문제를 하나님 앞에서 씨름하라. 책임을 미루며 다른 누군가를 의지하지 말라. 주님은 마땅히 내가 감당해야 할 몫을 요구하신다.

영성은 하나님과의 친밀함 가운데 옳고 그름을 결정할 수 있는 깊이와 넓이와 빈도를 말한다. 우리는 육의 죄성(罪性)을 가지고 있기 때문에 영성을 키워나가는 이 과정이 겁나기도 하고 피곤하기도 하다. 그러나 씨름하자. 다윗은 시편 곳곳에서 피곤할지라도 주님의 뜻을 바라고 기다린다고 말했다. 육의 생각이 아닌 하나님의 생각을 따르기 위해, 기꺼이 주님 앞에 머무르며 씨름하자. 육신의 기질이 원하는 것이 아닌, 주님의 음성을 따라가기 위해 금식하며 기도하자. 사람들이 좋아하는 것이 아닌, 하나님이 기뻐하시는 것을 선택하기 위해 우리는 마땅히 씨름해야 한다.

한국 교회 안에 '노래하는 자'라고 하는 예언적 기능이 회복되기를 축복한다. 하나님의 백성으로서 주의 음성을 듣는 일이 활발히 일어나기 바란다. 하나님의 음성을 듣는 통로가 분명해지고 제대로 훈련되어서 주님과 동행하는 삶이 깊어질 때, 권위가 오고 영향력이 생기고 지도자가 된다. 그가 원해서가 아니라 하나님과 동행하는 깊이 때문에 많은 사람이 그를 따르게 된다. 하나님께서 그에게 사람들을 붙이시는 것이다.

하나님의 음성을 듣는 데 어려움을 느낀다면 훈련을 시작하라. 이것은 특별한 누군가에게 이루어지는 신비적 체험이 아니다. 하나님은 환상과 같은 극적 현상만이 아니라 꿈으로, 묵상 중에, 설교 중에, 책을 통해, 셀 모임 나눔 중 지체의 입을 통해 그밖에 다른 다양한 방법으로 말씀하신다. 주의 음성을 듣고 신령한 노래를 하는 기능, 하나님과 소통하는 영의 기능이 회복되기를 바란다.

이렇게 기도하자!

1 나의 영이 회복되도록 기도하자.

"하나님, 제가 주님의 성전으로 회복되기를 원합니다. 주님과 24시간 동행하는 지성소로 회복되게 하소서. 주야로 주님과 함께하기를 원합니다. 제 속에 주님을 뜨겁게 사랑하는 영이 부어져서 삶의 모든 영역에 첫 계명이 회복되게 하소서."

2 기도의 집에 대한 지혜와 계시를 구하자. 선교의 전략들이 임하기를 기도하자.

"하나님, 지혜와 계시의 영을 부어주십시오. 다윗의 장막이라는 시대적인 하나님의 비밀을 계시해주십시오. 이 일의 가치를 사게 하여주십시오. 기도와 예배로 선교의 전략을 깨닫게 하여주옵소서. 마지막 때 대추수의 일꾼이 되기 원합니다. 복음으로 하나님의 나라를 확장할 때, 성령의 전략과 능력으로 행하게 하옵소서."

3 한국 교회에 선지적 하나님의 소리가 회복되도록 기도하자.

"주님, 이 땅의 교회가 광야의 소리가 되게 하사 갈 바를 알지 못하는 이 시대의 등대와 이정표로 서게 하소서. 참된 소리를 기다리는 이 시대에 주님의 목소리를 발하는 교회들이 되게 하소서."

CHAPTER 12

예배와 기도로
하늘 문을 열라

느헤미야서 12:1-7, 27-30, 44-47

하늘의 뜻이 이 땅에 임하게 하는 경배

느헤미야의 성벽 재건을 통한 이스라엘의 영적 대각성은 사실상 12장에서 마무리된다. 느헤미야서 13장은 느헤미야가 왕궁으로 복귀했다가 다시 돌아와, 그가 없던 사이에 예루살렘에서 일어난 타락의 일들을 개혁하고 자신의 삶과 이 모든 여정을 주(主) 앞에 회고하며 기도함으로 맺고 있다.

느헤미야서 12장까지의 여정을 통해서 다윗이 어떻게 위대한 왕국을 세웠는지 돌아보자. 다윗과 솔로몬의 때, 이제 막 왕권을 정립한 이 작은 나라가 어떻게 열왕들로부터 예물을 받으며 은을 돌같이 흔하게 여길 만큼 부유하고 강력한 나라로 세워졌는가? 느헤미야를 포함한 이스라엘의 7대 개혁의 핵심이 다윗이 받은 계시의 회복에 있었다는 점에서 그 답을 찾을 수 있을 것이다. 느헤미야서 11,12장을 읽다보면 마치 역대상 15-25장을 압축해놓은 듯한 느낌을 받는다. 느헤미야의 개혁은 곧 다윗의 언약의 회복이자 성전 기능의 회복이었기 때문이다.

특히 느헤미야서 12장 44-47절은 성벽 봉헌 이후 성전을 섬길 제사장과 레위인들의 기능이 회복되는 것을 보여준다. 이는 성전 기능의 핵심이 곧 다윗의 장막의 기능을 수행하는 것임을 말한다. 하나님을 위한 멈추지 않는 기도와 찬양이 있고, 다윗의 장막을 섬긴 수많은 레위인들이 있는 곳, 시편 22편 3절 말씀과 같이 이스라엘의 찬송 중에 계시는 주께서 밤낮 울려 퍼지는 그 예배 소리를 따라 이스라엘 땅에 거하셨다. 역사를 운행하시는 하나님의 뜻이 예언적 경배 중에 나타났고 풀어졌다.

다윗은 하나님을 사랑하고 갈망했을 뿐 아니라, 주께서 우리를 다스리시며 주님과 우리가 동행하는 이 비밀한 계시를 받았다. 왕이 되자마자 그가 한 일은 흩어져 있는 레위 지파들을 모아 모세의 성막에서 제사를 감당하게 할 뿐 아니라, 다윗의 장막에서 하나님을 노래하고 선포하게 한 것이었다. 다윗은 노래를 부르고 악기를 다루고 만드는 4천 명의 뮤지션(musician)을 키워냈고, 하늘의 뜻이 이 땅에 임하게 하였다. 다윗은 그 장막에서 이스라엘을 향한 주님의 음성을 들으며 이스라엘을 통치할 지혜를 받았다.

바벨론의 시스템이 세상을 더욱 잠식해가는 이때, 도시와 나라와 열방마다 하늘이 열리기를 바란다. 사탄의 지혜로 만들어진 것들은 언뜻 보기에 멋져 보여도 변태적이고 음란하고 폭력적이다. 이 땅에 하늘의 지혜가 선포되어야 한다. 투박한 것 같아도 생명을 살리는 위대한 여호와의 영, 지혜와 총명의 영, 모략과 재능의 영, 지식과 여호와를 경외하는 영이 우리에게 임하여야 한다. 바벨론 한가운데 살면서도 열린 하늘로 주님의 뜻을 보며 부르심을 감당했던 다니엘을 기억하라. 바벨론의 지혜보다 뛰어난 하나님의 지혜, 하나님의 예술, 하나님의 능력을 풀어낼 자들이 서기를 바란다. 세상 한가운데 살고 있지만 하늘과 연결된 자들을 통해 영원한 소망이 증거될 것이다!

느헤미야서 12장에 이르러서야 다윗의 때와 같이 하나님이 원하시는 것을 열어드리게 되었다. 다윗과 솔로몬의 명령을 따라 노래하는 자들을 회복시켰다. 구약에서, 특별히 다윗의 때부터 제사를 넘어 노래함이 성전의 기능에 들어갔는데 우리는 그 의미를 잘 알아야 한다. 이것은 매우 중요한 진리이다.

우리와 함께하기 위한 하나님의 열심

내가 비옵는 것은 이 사람들만 위함이 아니요 또 그들의 말로 말미암아 나를 믿는 사람들도 위함이니 아버지여, 아버지께서 내 안에, 내가 아버지 안에 있는 것 같이 그들도 다 하나가 되어 우리 안에 있게 하사 세상으로 아버지께서 나를 보내신 것을 믿게 하옵소서 내게 주신 영광을 내가 그들에게 주었사오니 이는 우리가 하나가 된 것같이 그들도 하나가 되게 하려 함이니이다 요 17:20-22

요한복음 17장은 예수님의 유언과도 같은 기도이다. 예수께서 십자가를 앞두시고 마지막으로 간절히 구한 기도의 핵심이 무엇인가? 주님의 소원은 바로 우리와 영원히 함께하시는 것이었다. 하나님은 우리와 하나가 되기를 간절히 원하신다. 하나님의 마음은 언제나 우리를 향해 있었다. 쉬지 않으시는 열심과 집요한 은혜의 추적으로 끊임없이 우리에게 다가오시며 그분의 역사를 멈추지 않으셨다.

하나님이 가장 먼저 인간과 함께 있던 곳이 에덴이다. 온 우주를 창조하신 전능자께서 이 작은 동산에서 보내는 시간을 즐거워하셨다. 하나님의 관심은 영광 가운데 천사들의 노래로 찬송받는 것에 있지 않으셨다. 하나님의 가장 큰 행복은 매일매일 동산에서 자신이 지은 사람을 보는 것이었다! 하나님은 아담과 함께하는 시간을 정말 기뻐하셨다. 영이신 하나님께서 언제나 아담을 찾아와 만나 주셨다.

"아담아, 오늘은 무슨 일을 했니?"

"오늘은 동산의 목초지를 관리했어요."

"아담아, 오늘은 무엇을 했니?"

"오늘은 동물들의 이름을 지었어요."

"오 그래? 어떤 이름을 붙였니?"

"토끼, 말, 사자…."

하나님과 사람의 관계는 사랑과 즐거움으로 가득했다. 그런데 어느 날 끔찍한 일이 시작되었다. 죄가 아담에게 들어온 것이다. 사랑하는 아들은 이제 하나님의 눈앞에서 숨었다.

"아담아, 네가 어디 있느냐?"

"내가 벗었으므로 두려워하여 숨었습니다."

하나님과 사람의 사랑의 교제가 깨졌다.

그런데 여호와의 열심이 무엇인가? 십자가가 무엇인가? 하나님께서 우리가 저지른 죄의 값을 대속하시고 우리와 함께 있고 싶으신 것이다. 하나님은 우리 곁에 머물기 원하신다. 다윗의 때와 솔로몬의 때만이 아니다. 살아 계신 하나님은 오늘도 자신의 백성들의 처소에 머물기를 원하신다. 아담이 범죄한 이후로도 하나님은 계속해서 우리와 함께 있으려는 집요한 노력을 해오셨다.

느헤미야서 12장 44-47절은 성벽 중건과 성전 회복의 결론을 보여준다. 성전, 곧 다윗의 장막의 기능과 영성이 마침내 회복되었다. 이는 창세기에서부터 시작되어 성경 전체에 흐르는 우리를 향한 하나님의 마음이다. 느헤미야 부흥의 핵심을 놓치지 않기 바란다. 주님의 마음은 성전의 회복과 부흥에 닿아 있다.

교회의 역사

하나님께서 아담과 하와에게 지어 입히신 가죽옷부터 다윗의 장막과 성전에 이르기까지, 이것은 모두 예수 그리스도를 의미한다.

에덴 ➡ 가죽옷 ➡ 제단 ➡ 성막(회막) ➡ 다윗의 장막 ➡ 성전 ➡ 십자가와 교회

1. 가죽옷

범죄한 아담에 대한 하나님의 마음은 하나님께서 지어 입히신 가죽옷으로 표현되었다. 죄 때문에 하나님과 분리되어 에덴을 떠나야 했던 아담에게, 어린 양을 잡아 죄의 값을 치름으로 다시 함께하실 것을 말씀하신 것이다. 이는 우리의 죄가 피 흘림으로 용서된다는 죄 사함의 메시지가 함축되어 있는 상징적 표현이다.

2. 제단

가죽옷 다음으로 하나님은 제단을 만들게 하셨다. 주님은 이 제단에서 희생 제물을 번제로 드릴 때 죄를 사하시고 한시적으로 주님과 우리의 관계가 회복되도록 하셨다. 구약의 사람들은 속죄를

위해 제사를 드릴 때뿐만 아니라 하나님과 특별한 만남을 갖거나 감사드릴 일이 있을 때에도 하나님께 제단을 쌓았다. 제단은 하나님과의 만남, 연결, 소통의 상징이다.

3. 성막(회막)

이스라엘을 애굽으로부터 불러내신 하나님은, 모세에게 성막(회막)을 만들라고 명하신다. 그 후 이스라엘이 광야를 돌며 어디로 가든지, 그들에게 성막은 하나님이 임재하시는 곳이었고 주님은 그렇게 그들과 함께하셨다. 성막의 임재를 통해 이스라엘은 주님과 동행하는 삶의 의미와 방법을 배웠다.

4. 성전

성막 시대가 지나고 이스라엘 역사상 세 번의 성전이 세워진다. 제1성전은 솔로몬 성전으로 이후 바벨론에 의해 파괴된다. 제2성전은 느헤미야서에도 등장하는 스룹바벨 성전으로 로마의 폼페이우스에 의해 무너지고, 세 번째로 헤롯 성전이 예수님 시대의 성전으로 재건된다.

솔로몬 성전은 영광과 계시를 상징한다. 스룹바벨 성전은 "이 성전의 나중 영광이 이전 영광보다 크리라"(학 2:9)라고 해서 부흥의 언약을 상징한다. 성전 역사 중 가장 웅장했던 헤롯 성전은 광대한 하나님의 왕국, 하나님나라의 위대함을 상징한다.

5. 십자가와 교회

성전 시대가 끝나자 마침내 교회가 등장한다. 예수님의 십자가는 성전의 지성소가 아닌 '우리'가 주님이 거하시는 처소가 되게 하였다. 십자가에서 흘린 보혈로 의의 길이 열렸고, 부활하신 주님이 승천하신 후 성령이 임하여 교회가 탄생한다. 예수 그리스도의 영이 각 사람에게 임하면서 그분의 몸을 이루는 '교회'가 이 땅에 세워졌다.

모세의 성막 vs 다윗의 장막

여기서 우리가 주목해야 할 중요한 포인트가 있다. 성막에서 성전으로 넘어가는 사이에 법궤와 성막이 각각 분리된 채 33년 동안 존재한 희귀하고 특별한 사건이다. 모세의 성막은 기브온 산당에 있었지만, 법궤는 다윗의 집 앞 마당에 놓였다. 한 시대에 두 개의 성막이 존재했던 것이다.

모세의 성막은 출애굽기 25장 9절 이하부터 나온다. 다윗의 장막이라는 말이 등장하는 것은 역대상 15장부터이다. 역대상 13장에서 법궤가 옮겨진 이후, 하나님의 궤를 둘 곳을 마련하고자 다윗이 장막을 치는 장면이다.

> 다윗이 다윗 성에서 자기를 위하여 궁전을 세우고 또 하나님의 궤를 둘 곳을 마련하고 그것을 위하여 장막을 치고 대상 15:1

법궤가 성막과 분리된 사건, 한 시대에 거룩하게 구별된 장막이 동시에 두 개가 존재한 사건, 그러나 이 두 개의 텐트는 성전이 지어지면서 두 기능 모두 성전의 기능으로 합하여진다.

> 다윗이 아삽과 그의 형제를 여호와의 언약궤 앞에 있게 하며 항상 그 궤 앞에서 섬기게 하되 날마다 그 일대로 하게 하였고 오벧에돔과 그의 형제 육십팔 명과 여두둔의 아들 오벧에돔과 호사를 문지기로 삼았고 제사장 사독과 그의 형제 제사장들에게 기브온 산당에서 여호와의 성막 앞에 모시게 하여 항상 아침 저녁으로 번제단 위에 여호와께 번제를 드리되 여호와의 율법에 기록하여 이스라엘에게 명령하신 대로 다 준행하게 하였고 대상 16:37-40

역대상 16장 37,38절은 다윗의 장막, 39,40절은 모세의 성막이다. 동시대에 법궤는 다윗의 마당에 와 있고, 모세의 성막은 법궤가 없는 채로 기브온 산당에 있었다. 아삽과 여두둔과 헤만 등의 레위인들은 다윗의 장막을 섬기고, 사독 계열의 제사장들은 모세의 성막을 섬기는 일이 동시에 이루어지고 있다. 다윗의 장막에서는 끊임없는 예배가, 산당에서는 아침저녁으로 제사가 진행된 것이다. 이 기이한 나뉨은 솔로몬 성전이 완성될 때까지 지속되었다. 하나님의 법궤가 마침내 이스라엘로 돌아왔는데도, 서로 다른 모습으로 존재했던 모세의 성막과 다윗의 장막, 이 둘이 의미하는 바는 무엇인가?

'모세의 성막'은 인간이 하나님께 올라갈 수 있는 방법을 의미한다. 비둘기와 양과 소의 피를 흘려 제사를 드림으로 죄의 문제를 해결하여 하나님께 나아가는 방법이다. 반면 '다윗의 장막'은 하나님께서 이 땅에 임하시는 방식이다. 요한계시록에 나오는 천상의 예배처럼, 끊임없이 하나님을 구하며 찬양하고 선포하는 소리를 타고, 주님이 이 땅으로 임하신다. 첫 번째 성전이 세워지면서 이두 가지 기능이 흡수되는데, 하늘로 올라가는 방식과 땅으로 내려오는 방식이 하나로 연결되는 지점에서 신약시대의 '교회'를 상징하기도 한다.

느헤미야의 결론, 즉 이스라엘의 7대 개혁 운동의 특징은 다윗의 장막과 모세의 성막 기능이 연합된 성전 기능의 회복과 강화에 있다. 성벽 재건 이후 중수된 성벽 안에서 가동되어야 할 성전 기능의 회복에 중점이 있다. 12장의 '다윗의 때'라는 표현 역시 다윗이 본 이계시가 회복되어야 함을 의미한다.

다윗의 장막 (대상 15장–)	모세의 성막 (출 25:9–)
• 제사가 없음 • 24시간 멈추지 않는 예배	• 아침, 저녁, 절기 때 제사를 지냄 • 24시간 예배하지 않음
• 찬양과 예언 중심	• 피의 희생제사 중심
• 성소와 지성소의 구분이 없음 • 휘장이 없고 법궤 앞에서 섬김	• 성소와 지성소가 구분됨 • 법궤가 없을 때에도 휘장이 있었음
• 종교적이지 않고 관계적임 • 은혜와 사랑이 본질임 • 다윗이 최초로 시편에서 하나님을 아버지라고 표현함 • 시편과 아가서 등에서 하나님과의 끈끈한 사랑의 관계가 표현됨	• 종교적 율법적 제도적 • 틀과 규율이 아주 중요
• 계시를 받은 천상의 예배가 모형 • 계시록 4장, 5장, 역대상 28장 11–19절 • 예수 그리스도의 부활 이후 교회에 대한 계시	• 모세가 하나님께 받은 모형적 그림 • 예수 그리스도의 죽으심까지 율법의 성취를 뜻한다.
• 풀타임 전문 뮤지션 중심 • 전속으로 훈련된, 배워서 익숙한, 공교한 전문 뮤지션들(288명의 노래하는 자와 4천 명의 뮤지션)	• 제사장들 중심
• 감사와 축제와 기쁨	• 슬픔, 희생, 피 뿌림

• 선견자가 대장이다.	
• 선견자는 가장 상위 레벨의 선지자로, 영의 세계가 열려서 하늘을 생중계 하는 자들이다.	• 대제사장이 대장이다.
• 하나님이 인간에게 내려오심	• 인간이 하나님을 향해 올라가는 방식
• 주님의 보좌, 하늘의 뜻이 우리 가운데 내려오시는 방식	• 우리를 대신해서 양이 죽고 희생됨으로 하나님께 나아갈 길이 열리는 것이다.
• 예언적 경배	• 예언적 중보

다윗의 장막에서는 '예언적 경배'를 통해 하늘(영의 세계)이 땅에 내려오고, 모세의 성막에서는 '예언적 중보'를 통해 이 땅(사람)의 간구가 하늘로 올라가는 일이 동시에 진행되고 있었다. 하늘과 땅이 순환하는 것이다. 창세기 28장 10절 이하에는 야곱의 꿈이 나오는데, 야곱은 하늘과 땅을 연결하는 사닥다리 위로 천사들이 오르락내리락 하는 꿈을 꾼 후 깨어난다. 그는 그 곳이 하나님의 집, 하늘의 문이었다고 하며 그 땅을 '벧엘'이라 부른다.

이렇듯 하늘과 땅이 만날 때 어떤 일이 벌어지는가? 주님의 통치, 즉 하나님의 나라가 임한다. 정치, 경제, 교육, 문화 등의 영역에 진리의 기준이 회복되고 주님의 다스림이 역사하게 되는 것이다. 그러나 주님의 다시 오실 날이 가까운 이때, 사탄은 계속해서 바벨탑을 세우고 있다. 인간이 하나님을 거부하고 스스로 하늘에 닿을 만큼 높이 탑을 쌓고 있는 것이다. 이렇듯 죄의 방법으로 하늘의 문이 열릴 때 과연 하늘에서 무엇이 쏟아지겠는가? 우울과 폭력과 음란과 죽음의 영들이 무차별적으로 사람들을 괴롭히게 될 것이다. 사탄은 이미 그 영성을 음악과 미술과 문학에 심어두었다. 그러나 하나님의 나라는 위축되지 않을 것이다. 주님은 열방 곳곳에서 벧엘을 일으킬 하나님의 사람들을 구별하여 준비하고 계신다.

레위 지파와 유다 지파의 회복을 통한 충만한 교회

그 날에 사람을 세워 곳간을 맡기고 제사장들과 레위 사람들에게 돌릴 것 곧 율법에 정한 대로 거제물과 처음 익은 것과 십일조를 모든 성읍 밭에서 거두어 이 곳간에 쌓게 하였노니 이는 유다 사람이 섬기는 제사장들과 레위 사람들로 말미암아 즐거워하기 때문이라

느 12:44

느헤미야서 12장 44절은 유다 사람들이 레위인의 직무를 인정하며 기꺼이 그들의 삶을 책임지는 상황을 말한다. 우리는 모두 택하신 족속이요, 왕 같은 제사장들이요, 거룩한 나라요, 그의 소유된 백성이다. 그러나 우리 중 레위 지파와 같이 하나님께서 머무시는 성전을 지키며 예배가 끊이지 않도록 섬겨야 하는 자들이 있다. 또 레위 지파를 제외한 다른 이스라엘 지파처럼 각 터전에서 일하며 하

나님의 나라를 함께 세우는 자들도 있다.

내가 섬기고 있는 교회에서는 문화, 예술, 교육, 언론, 정치 등의 영역에서 하나님의 나라를 세우는 자들을 가리켜서 성산(聖山)으로 부르심을 받았다고 표현한다. 반면 성전(聖殿)에서 주님의 임재를 지키며, 성산의 자리에서 싸우는 자들에게 하나님의 음성과 지혜와 임재를 공급하는 자들에게는 성전으로 부르심을 받은 자라고 한다. 그래서 성전에서 기도와 예배로 하나님과 하나님의 백성들을 섬기는 일에 부르심을 받고 헌신한 자들을 상징적인 의미로 '레위인'이라고 칭하기도 한다. 이 말은 이방인인 우리가 이스라엘의 레위인처럼 되자는 말이 전혀 아니다. 어둠의 나라와 하나님의 나라가 치열하게 전쟁할 마지막 때에, 주님의 임재를 성전 너머 성산의 온 영역으로 나르는 강력한 예배자들이 서야 한다는 믿음의 표현이다.

다윗처럼 유다 지파로서 많은 레위인들을 지키고 먹이고 섬기는 자들, 다윗의 기름부음을 받는 자들이 일어나기를 축복한다. 다윗이 이유 없이 4천 명의 뮤지션을 모으고 길러낸 것이 아니다. 다윗은 기도와 예배로 하늘 문을 여는 자들에게 투자했다. 왕궁 앞마당에 법궤를 갖다놓고 33년 동안 주야로 예배한 이 일을, 열정이 지나쳐서 미친 왕의 해프닝이라 해야 할지, 하나님의 계시적이고 섭리적인 사건이라고 할지 고민스럽다면 아모스서를 보라. 아모스는 다윗이 죽은 지 약 200년 후 등장한 선지자이다. 부흥을 바라보고 구하며 외쳤던 아모스의 입에서 선포된 것은 찬란했던 솔로몬의 성전이 아니라 다윗의 장막이었다.

> 그 날에 내가 다윗의 무너진 장막을 일으키고 그것들의 틈을 막으며 그 허물어진 것을 일으켜서 옛적과 같이 세우고 그들이 에돔의 남은 자와 내 이름으로 일컫는 만국을 기업으로 얻게 하리라 이 일을 행하시는 여호와의 말씀이니라 암 9:11,12

다윗의 장막은 하나님께서 보이시고 이끄셨고 기뻐하셨던 일이다. 그리고 회복될 일이다. 다윗의 열쇠를 돌리는 사역은 교회의 특권이자 직무이다. 우리의 자녀 세대들은 세상보다 강력한 예배 속에서 용사로 세워질 것이다. 세상을 이기는 능력의 영성, 다윗의 장막의 영성을 가진 세대들을 함께 길러내기 바란다.

성전과 성산의 비교

성전을 섬기는 레위 지파와 그들이 직무를 감당하도록 삶을 책임지며 성산(일터)을 섬기는 유다 지파의 연합은 하나님의 임재를 온 영역으로 이어 나른다. 성전에 임하는 하나님의 영광이 성산, 곧 정치, 경제, 문화, 교육 등의 영역으로 옮겨지는 것이다. 성전이 영적 요소라면 성산은 삶의 요소라고 할 수 있다. 성전이 첫 계명, "마음을 다하고 목숨을 다하고 뜻을 다하여 하나님을 사랑하는 자리"라면, 성산은 둘째 계명, "네 이웃을 네 자신같이 사랑하는 자리"이다. 성전과 성산이 하나로 연결될 때 하나님의 나라, 곧 하나님의 통치와 다스림이 우리 삶에 실현된다. 하나님의 실제적 임재와 운행하심이 우리의 가정과 학교와 일터에서 역사하게 된다.

나곤(기돈)의 타작마당의 의미

다윗의 장막은 한 시대에 일어났던 해프닝이 아니다. 주님은 다윗이 행하였던 이 일을 통해 우리를 향한 당신의 마음과 하나님나라에 대한 비밀들을 말씀하고 계신다. 다윗이 하나님의 법궤를 가져오는 일이 처음부터 술술 풀린 것은 아니다. 아비나답의 집에서 여호와의 법궤를 옮겨 오던 중, 그를 나르던 웃사가 처참하게 죽는 사건을 기억할 것이다.

다윗과 이스라엘 온 족속은 잣나무로 만든 여러 가지 악기와 수금과 비파와 소고와 양금과 제금으로 여호와 앞에서 연주하더라 그들이 나곤의 타작마당에 이르러서는 소들이 뛰므로 웃사가 손을 들어 하나님의 궤를 붙들었더니 여호와 하나님이 웃사가 잘못함으로 말미암아 진노하사 그를 그 곳에서 치시니 그가 거기 하나님의 궤 곁에서

죽으니라 삼하 6:5-7

소가 끄는 수레에 하나님의 궤를 실어 옮기다가 나곤(기돈)의 타작마당에 이르렀을 때 소들이 뛰어 수레에 실은 법궤가 떨어지려고 하자 웃사가 하나님의 궤를 붙잡았는데 하나님께서 진노하시고 그를 죽이신 것이다. 아비나답의 집에서부터 법궤를 옮겨오는 길에, 하필이면 나곤(기돈)의 타작마당에서 소가 뛴 이유는 무엇인가?

1. 나곤(기돈)의 의미

'나곤'이란 이름은 "기준을 정하다", "원칙을 세우다", "바로잡다"라는 의미이다. 여호와께서 나곤의 타작마당에서 웃사를 죽이신 것은 잃어버렸던 하나님의 본질과 기준을 찾으시겠다는 의지를 보이신 것이다.

2. 타작마당의 의미

또 다른 포인트는 '타작마당'에 있다. 가파른 내리막길도 아니고 파인 구덩이도 아닌 타작마당에서 소가 뛰었다. 성경 속 타작마당은 의도적인 장소로 등장하곤 하는데, 다음 두 가지 의미와 연결된다. 성경 전체로 볼 때 타작마당은 대부분 '추수'와 '부흥'을 상징한다. 다윗의 장막의 회복은 하나님의 거대한 추수, 마지막 때에 주실 큰 부흥과 관계가 있다.

또한 타작마당은 '심판'에 빗대어 말하기도 한다. 침례(세례) 요한은 예수님을 가리켜 "손에 키를 들고 자기의 타작마당을 정하게 하사 알곡은 모아 곳간에 들이고 쭉정이는 꺼지지 않는 불에 태우시리라"(마 3:12)라고 했다. 예수님이 알곡과 쭉정이를 가르고 심판하실 분임을 말한 것이다. 그러니까 타작마당에 이르러 소가 뛰며 반응했다는 것은 심판의 때가 이르렀음을 상징한다.

다윗의 장막과 마지막 때 주야 기도 운동

주께서 또 이르시되 불의한 재판장이 말한 것을 들으라 하물며 하나님께서 그 밤낮 부르짖는 택하신 자들의 원한을 풀어주지 아니하시겠느냐 그들에게 오래 참으시겠느냐 내가 너희에게 이르노니 속히 그 원한을 풀어주시리라 그러나 인자가 올 때에 세상에서 믿음을 보겠느냐 하시니라 눅 18:6-8

예수님은 주님이 다시 오실 때에, 밤낮 부르짖는 자들의 믿음을 볼 수 있겠느냐고 물으셨다. 약속하신 신랑을 기다리는 신부, 신랑을 맞이할 날을 간절함으로 기도하는 신부로 교회가 설 수 있는지

물으시는 것이다. 그런데 여기서 '밤낮 부르짖는 택하신 자들의 원한'을 한국식 정서로 이해해서는 안 된다. 본문에서 '원한'이란 모든 불의에 맞서 이루어질 정의를 구한다는 의미이다. 우리의 기도가 이 땅에 하나님의 공의를 도래하게 하는 길인 것이다. 추수의 날, 다윗의 장막의 영성으로 기도와 예배에 전심을 다하는 교회들이 회복될 것이다. 누가복음 18장과 같이 밤낮 주님의 정의와 공의가 이루어지기를 기도하는 성도들이 일어날 것이다.

이 믿음 안에서 한국이 다시 깨어나기를 기도한다. 한때 '기도' 하면 한국 교회를 떠올릴 만큼, 한국 교회 성도들의 기도의 삶, 기도의 열정이 열방 곳곳에서 칭찬을 받은 적이 있었다. 그러나 오늘날 우리의 모습은 어떠한가? 기도의 가치와 기도의 능력과 기도의 삶을 강력하게 증거하던 한국이 기도를 잃어가고 있다. 첫사랑이 회복되기를 축복한다. 기도의 영성과 열정이 회복되기 바란다.

열방에서 들려오는 주야 기도의 간증들은 다윗의 장막의 영으로 하나님의 임재를 담아내며 주님의 오실 날을 준비하라는 사인(sign)일 수 있다. 타작마당에 이르러서 다윗의 장막이 회복되었음을 기억하자. 추수의 날에 주님은, 하나님을 사랑하기 때문에 기도와 예배의 삶을 선택한 자들을 일으키시며 새로운 차원의 부흥을 준비하실 것이다.

느헤미야서의 결론 부분이 성전 기능의 본질이자 핵심인 다윗의 장막의 회복으로 끝을 맺는다는 것이 무엇을 의미하는가? 위대한 역사, 위대한 부르심을 성취하는 자들의 영성, 내면의 회복이 적용되고 있는 것이다. 우리 인생의 성벽의 틈을 메우고 무너진 곳을 다시 쌓아 견고하게 하는 것은 그 후 성벽 안에 있는 성전의 기능 회복, 즉 우리 내면의 회복, 영성의 회복을 상징하는 것이다. 하나님과 소통하는 자, 하늘과 땅을 오르내리는 영적인 소통의 삶, 마지막 때 교회가 어떻게 회복되고, 그리스도인들이 어떻게 회복되어야 하는지에 대한 계시이다.

우리 인생의 재건은 외적인 성벽의 중수와 내적인 성전 기능의 회복, 지성소의 회복이 있을 때에만 가능하다. 우리는 느헤미야서 1-7장에서 외적인 회복, 즉 부흥의 조건이 되는 것들의 회복 과정과 그 씨름을 통과했고, 8-12장을 통해서는 내면의 회복, 성전 기능의 회복을 통과하였다.

느헤미야는 한 사람의 위대한 리더로서 순종과 헌신을 보여준다. 또 위대한 믿음의 기도를 시작으로 다윗의 장막의 계시의 성취와 그 회복의 여정을 마치 한 사람의 인생, 그리고 그 인생의 재건축으로, 참된 부르심의 목적, 구원의 목적을 회복하고 완성해가는 영적 여정으로 해석되는 위대한 회복과 재생의 교과서가 되어주었다.

우리 인생의 성벽에 구멍을 메우고 틈을 메웠는가? 문짝을 달았는가? 그렇다면 이제는 우리의 성 안에 있는 주님의 처소, 주님이 머무실 처소를 열어야 한다. 주님의 나라가 우리 안에 역사해주시기를 축복한다.

이렇게 기도하자!

1 내 삶과 속사람이 주님이 거하시는 성전으로 온전해지기를 기도하자.

"주님, 주님의 성전인 제 안에 기도의 기능과 예배의 기능이 회복되기 원합니다. 모세의 성막과 다윗의 장막이 나의 속사람 안에 세워지기를 구합니다. 제 뜻과 의는 사라지고 하나님의 뜻과 의만 타오르는 지성소가 제 안에 회복되게 하시고, 오직 주를 따라 살아가게 하옵소서. 주님, 기도의 집에 대한 지혜와 계시를 더욱 열어주옵소서. 하나님을 사랑하고, 하나님의 나라를 구하며, 하나님의 나라로 승리하는 비밀이 깨달아지게 하옵소서. 이론을 아는 것이 아니라 저의 경험과 간증이 되게 하옵소서."

2 예술 영역에 하나님나라가 임하기를 기도하자.

"욕정과 폭력과 체념적 낙망으로부터 영감을 받는 자들이 아니라, 하나님의 영광을 바라보는 자들을 통해 새로운 음악과 소설과 그림과 연극과 영상들이 만들어지게 하옵소서. 노래와 악기 연주와 춤이 여호와께 구속되게 하시고, 여호와의 영을 받은 자들이 일어나게 하옵소서."

3 레위인들을 축복하며 기도하자.

"하나님, 레위인들을 통해 성전이 회복되게 하시고, 성전에 임하는 임재가 성산으로 흘러가 각 영역에 하나님의 나라가 서게 하옵소서. 주님을 예배하는 이들에게 지혜와 계시의 영을 부어주십시오. 성전에서 하늘의 비밀한 일들이 선포되게 하시고, 예배자와 중보자들을 통해서 주님의 뜻이 능력으로 이루어지는 것을 나타내시옵소서. 이들이 주님으로부터 일용할 양식을 공급받아 염려하지 않게 해주시고, 주님을 목말라하는 그 갈망을 이 나라와 도시에 흘려보내게 하옵소서."

4 유다 지파의 회복을 위해 기도하자.

"다윗과 같이 왕권을 받아, 레위인들이 직무를 다하도록 보호하고 책임지는 유다 지파가 서며, 이를 감당할 능력을 받게 하옵소서. 여호와의 영으로 임하옵소서. 지혜와 총명과 모략과 재능과 지식과 여호와를 경외함으로 충만케 하옵소서. 바벨론의 아름다움보다 뛰어난 하늘의 능력으로 충만케 하옵소서. 그래서 먼저 그의 나라와 의를 구함으로 하나님의 성전을 섬기게 하소서."

CHAPTER 13

주여, 나를 기억하소서!

느헤미야의 기도

느헤미야가 걸었던 여정처럼 느헤미야서 1장부터 13장까지 성벽이 재건되는 기간에 있었던 드라마틱한 사건들이 우리의 삶에도 그대로 성취되기를 바란다.

　1장은 느헤미야의 위대한 기도에서 시작되었다. 위대한 인생은 위대한 기도로 품어진다. 위대한 기도가 그 인생을 위대한 삶으로 이끈다. 느헤미야처럼 꿈꿀 수 없는 소원을 기도로 품고 살아내는 삶이 시작되기를 축복한다. 2장과 3장은 그 소원과 비전을 이루기 위한 요소들이 무엇인지 살펴보았다. "위대한 비전이 성취되는 크기는 하나님을 아는 깊이와 크기이다." 이 말을 기억하라. 잠깐 쓰임 받는 영적 졸부가 있을 수 있다. 하지만 하나님의 위대한 일은 하나님을 깊이 아는 자들을 통해 이루어진다. 여호와를 아는 깊이와 크기가 곧 우리 인생의 크기가 될 것이다.

4장부터 7장까지 이어지는 치열한 전투처럼 영적 전쟁에서 싸워 승리하기를 축복한다. 외부로부터 오는 고난의 문제들을 통과하고, 내면에 숨어 있던 복병들을 내쫓으며, 특별히 성벽에 문짝을 매달고 파수꾼을 세우자. 전쟁에 승리했다면 8장 이후의 여정처럼 우리 내면에 하나님의 말씀과 첫사랑이 회복되어야 한다. 하나님보다 사랑하는 우상들을 버리고, 주님을 뜨겁게 사랑하는 감격이 회복되기를 축복한다. 우리를 붙드시는 주님의 은혜를 기억하며 부르심의 자리를 사수하라. 반복되는 죄 가운데 있더라도, 집요하게 우리를 찾아오셔서 기필코 언약의 자리로 이끄시는 주님의 은혜를 더 깊이 묵상하라.

이 모든 대장정의 목적은 '다윗의 장막'의 회복이다. 하늘과 땅이 만나는 예배와 중보, 레위인의 회복을 통해 성전에서 주님의 임재가 흘러갈 때, 성산에 하나님의 나라가 임하는 다윗 때의 영광을 보기 바란다.

끝으로 13장에서 느헤미야와 같이 당당하게 주님께 기도하자. "여호와여, 내가 행했던 일을 기억하여주소서." 우리의 행함이 하나님께서 보시기에 아름답고 복 주시기에 마땅한 일들로 기억되기를 바란다.

하나님이 기억하시는 세 가지 일

"내 하나님이여 나를 기억하소서!" 느헤미야서의 마지막 13장은 느헤미야의 당당한 기도로 끝맺어진다. 느헤미야서 13장은 세 단락으로 나눌 수 있는데, 특별히 14절, 22절 그리고 31절의 세 구절로 13장 전체 내용을 담을 수 있다.

예루살렘의 회복을 위해 수산 궁에서 잠시 파송되었던 느헤미야는 성벽 중수를 마친 후 다시 왕궁에게 돌아간다. 그런데 그가 자리를 비운 사이, 한 제사장이 산발랏과 함께 이스라엘을 대적해오던 도비야와 내통하며 악한 일을 행한다. 하나님의 전을 위해 구별된 성물들과 레위인을 위한 곡물과 거제물을 보관하는 공간을 비워 도비야에게 내어준 것이다. 뿐만 아니다. 이스라엘은 안식일을 지키지 않고, 아스돗과 암몬과 모압 같은 이방 여인을 아내로 맞아드린다. 대제사장 가문인 요야다의 아들은 이스라엘의 대적인 호론 사람 산발랏의 사위가 되기도 했다.

느헤미야는 이스라엘의 정체성을 더럽힌 이 모든 일들을 하나하나 꾸짖는다. 그가 예루살렘을 떠난 사이 은근슬쩍 허용되던 일들을 '죄'로 분명히 단정 짓고 이스라엘에 스며든 악을 제거한다. 성전의 기능을 다시 견고히 세우고 엇나간 것들을 제자리로 돌이킨 느헤미야가 이제 당당히 기도한다. "여호와여, 나를 기억해주십시오. 내가 행한 일을 기억하옵소서." 느헤미야가 이렇게 기도할 수 있게 했던 세 가지 일이 무엇인가?

1. 성전을 사수한 일

내 하나님이여 이 일로 말미암아 나를 기억하옵소서 내 하나님의 전
과 그 모든 직무를 위하여 내가 행한 선한 일을 도말하지 마옵소서
느 13:14

느헤미야는 제사장 엘리아십이 하나님의 성전을 위해 구별된 방
을 도비야에게 제공한 사실을 알게 되었다. 그는 도비야의 모든 물
건을 방 밖으로 집어던지며 분노한다. 또한 이스라엘이 성전을 섬
기는 레위인들에게 그들의 몫을 주지 않아 직무를 감당하지 못하게
한 일도 책망한다. 느헤미야는 레위인들을 다시 불러 모아 하나님
의 전을 섬기게 했다.

느헤미야는 성전을 지켰다. 주님이 그의 안에 거하시도록 했다.
하나님은 이런 일을 기억하신다. 주님의 몸 된 교회가 교회 되도록
세우고 지킨 일을 기뻐하신다. 나는 이런 헌신을 통해 오히려 인생
의 위기를 돌파하고 특별한 은혜를 경험한 성도들을 많이 만나봤
다. 만약 당신에게 이런 섬김과 헌신의 기회가 찾아왔다면 외면하
지 않기 바란다. 당당히 하늘의 축복을 구할 인생의 때이자 주님이
주시는 기회일 수 있다.

느헤미야는 탄식하며 말했다. "하나님의 전이 어찌하여 버린 바 되었느냐?" 이런 그의 심령이 우리에게도 부어지기 바란다. 주님은 신부 된 교회를 사랑하며 기꺼이 지킨 일을 전부 기억하신다.

2. 언약과 율법을 사수한 일

내가 또 레위 사람들에게 몸을 정결하게 하고 와서 성문을 지켜서 안식일을 거룩하게 하라 하였느니라 내 하나님이여 나를 위하여 이 일도 기억하시옵고 주의 크신 은혜대로 나를 아끼시옵소서 느 13:22

하나님이 기억하시는 두 번째 일은 주의 언약을 지킨 일, 즉 주의 말씀을 사수한 일이다. 혹시 말씀을 살짝 어기면 원하던 기회가 열릴 수 있는데, 여호와의 말씀을 지키기 위해 불이익을 당한 사람이 있는가? 내가 바라던 길이 열리고 원하던 자리에 오른다 할지라도, 말씀을 사수하기 위해 이를 거절한 자들을 주님은 반드시 기억하신다.

이 시대 우리의 문제는 살면서 붙잡아야 할 기준과 원칙이 아예 사라지고 있다는 것이다. 진리 안에 세워져야 할 기준과 원칙을 잃어버렸다면 그 끝에 실패만 있을 뿐이다. 그런 점에서 염려스러운 몇몇 이야기도 들려온다. 그것은 하나님을 경외하는 대신 인본주의적 가치로 주장의 근거를 삼는 것이다.

"꼭 교회에 헌금할 필요는 없습니다. 목사들이 헌금을 말하는 건 사실 욕심 때문 아닌가요?"

"동성애를 죄로 여긴다면, 과연 교회에 사랑이 있는 걸까요?"

"예배는 하나님과 우리가 소통하는 시간이기만 하면 됩니다. 꼭 다 같이 모여서 찬양하고 기도할 필요는 없어요."

제법 근사하게 들리는 말들이다. 세상에 속한 사람들이라면 이런 이야기에 박수를 보내며 "이런 교회라면 나도 다니겠어!"라고 말할 것이다. 그렇다면 우리가 돌아갈 주님의 말씀은 어디 있는가? 우리의 육체와 혼의 정욕이 원하는 바가 아니라 영원한 생명이 요구하는 거룩함은 어디에 있는가?

또 이르기를 옛적에 이스라엘 왕 솔로몬이 이 일로 범죄하지 아니하였느냐 그는 많은 나라 중에 비길 왕이 없이 하나님의 사랑을 입은 자라 하나님이 그를 왕으로 삼아 온 이스라엘을 다스리게 하셨으나 이방 여인이 그를 범죄하게 하였나니 느 13:26

바리새인적 율법으로 돌아가자는 말이 아니다. 다만, 기준이 되는 하나님의 말씀이 바로 서야 한다. 이스라엘 중에 교묘히 들어온 이방 민족의 문화와 가치는 언제나 하나님과 이스라엘을 멀어지게 했다. 슬며시 젖어드는 이방의 사상과 풍습들은 반드시 하나님을 등지게 만들었다. 오늘날 교회가 실패하는 가장 큰 이유로 세속

화를 말한다. 세상의 가치와 세상의 문화가 교회에 들어오면서 교회와 세상의 구분이 없어졌다는 것이다. 그러나 우리가 사사 시대와 같이 내 소견에 옳은 대로 산다면 진리의 길 위에 있는 풍성한 생명을 만날 수 없다. 그래서 느헤미야는 여호와의 말씀을 기준으로 삼고 씨름했다. 여호와의 말씀에 가치를 두라. 진리 안에 자유하되 말씀의 기준이 삶의 모든 영역에 세워지기를 축복한다.

3. 드림

또 정한 기한에 나무와 처음 익은 것을 드리게 하였사오니 내 하나님이여 나를 기억하사 복을 주옵소서 느 13:31

하나님은 주께 드린 것을 기억하신다. 과부의 두 렙돈(눅 21:2)이나 사르밧 과부의 섬김(왕상 17장)과 같이, 비록 적은 것이라도 주께서 기억하실 만한 드림이 있기를 축복한다. 물질로, 시간으로, 때로는 재능으로 하나님이 기억하시는 드림이 있기 바란다.

우리가 다음 세대에게 반드시 물려줘야 할 두 가지 유산이 있다. '드림'의 유산과 '기도'의 유산이다. 이 유업을 자녀들에게 반드시 넘겨주기를 바란다. 1950년대 한국은 세계에서 가장 가난한 나라 중에 하나였다. 그러나 지금 서울은 세계 여느 도시와도 견줄 만한 대도시가 되었다. 한국이 경험하고 있는 이 기적은 결코 우연이 아니다. '한강의 기적' 뒤에는 믿는 자들의 헌신과 기도가 있었다.

특별히 북에서 피난 나온 신앙인들의 믿음의 드림은 많은 목사와 선교사의 가슴에 남아 있다. 그들은 땅과 집을 모두 버리고 피난길에 올라야 했다. 생사의 갈림길에서 겨우 살아남은 전쟁의 잿더미 속에서 그나마 숨겨온 금가락지 하나, 은가락지 하나로 아이들을 먹이고 가르치고 싶었는데, 그들의 눈에 먼저 들어온 것은 다 타버린 예배당이었다. 사랑하는 예수님을 위해 함께 찬양하고 기도할 곳이 없었다. 그럴 때 생명같이 품은 재물을 꺼내 교회부터 짓기 시작했다. 현재 지어진 지 6,70년이 되어가는 많은 교회가 그렇게 세워졌다.

하나님은 그들을 기억하신다. 한국 경제의 근간이 되었던 많은 기업 또한 이런 믿음의 사람들을 통해 세워졌다. 부모 세대의 드림이 그 세대에서 멈추지 않기를 바란다. 자녀 세대에 이를 전수해야 한다. 한국 교회가 경험한 기적이 오늘 우리의 삶 가운데 임하기를 바란다. 여호와께서 기억하실 일들을 붙잡고 당당히 기도하는 인생이 되기를 축복한다.

"여호와여 나와 내 집이, 나와 내 아비가 여호와께 행한 것을 기억하소서."

시대를 이기는 기도와 예배의 영성

예레미야가 활동하던 시기에, 이스라엘에는 전혀 다른 두 예언이 선포되었다. 강성하게 일어나는 이스라엘의 대적들을 보며 거짓 선지자들은 이스라엘이 결코 망하지 않을 것이라고 예언했다. 그러나 탄식하며 회개를 촉구했던 예레미야는 이스라엘에 심판이 임할 것을 예언한다. "우리는 대적들에게 끌려갈 것이다. 하나님께서 정하셨으니 패배를 부정하며 그들에게 저항하지 말라."

그렇지만 예레미야의 예언은 이스라엘의 멸망으로 끝나지 않았다. 그는 또한 이스라엘의 회복을 선포한다. "그러나 주께서 70년 만에 우리가 돌아오게 하실 것이다." 바벨론 포로로 끌려간 첫 세대 중 다니엘이 그의 참 예언을 깨달았다. 또 이 약속을 전수받고 행한 사람이 스룹바벨과 에스라와 느헤미야이다. 이들은 이스라엘이 고난을 통해 정화되며 새롭게 될 것이라는 예레미야 선지자의 예언을 믿고 바벨론의 때를 믿음으로 살아낸 자들이다. 영의 세계가 열렸을 뿐 아니라 이미 국제적인 리더로 준비된 세대였다.

"바벨론에서 적당히 살 수 있어. 꼭 기도하고 예배하느라 눈 밖에 나야 할까? 그렇게 고집스럽게 굴다가는 죽을지도 몰라."

세상이 선택할 것을 요구했을 때, 그들은 당당히 기도의 삶을 택했다. 하나님 안에서 발견한 정체성이 분명했고, 어디로 가든지 예배할 수 있는 예배자였기 때문이다. 지금 우리도 마찬가지이다. 지금 우리가 살고 있는 시대는 첫 계명을 삶의 최우선순위에 두고 기도와 예배의 삶을 날마다 택하며 사수하지 않는다면, 세상이 주는 안락함과 안일함에 빠지기 쉽다. 점점 더 사납게 다가오는 바벨론의 문화와 영성에 맞서는 일이 결코 쉽지 않다.

더욱이 이제는 선교사가 자원해도 갈 수 없는 땅들, 가더라도 선교적 기능을 할 수 없는 땅들만이 남았다. 복음을 전하다가 적발당해 순교한 선교사들도 있지만, 제대로 복음을 전하기도 전에 추방당하는 이들의 수 또한 급증하고 있다. 앞으로 우리가 할 수 있는 선교는 무엇인가? 우리는 이 마지막 대적들을 무엇으로 이길 수 있는가?

티베트의 달라이 라마 궁전에 보면, 큰 성과 같은 절에 일곱 기둥이 있다. 이것은 정치, 경제, 예술, 미디어, 가정, 종교, 교육 영역을 상징한다고 한다. 수십 년 전부터 이곳의 중들이 24시간 쉬지 않고 각 영역들을 위해 기도해왔다. 이뿐 아니라 이슬람과 힌두교는 이미 어마어마한 기도의 문화를 가지고 있다. 그들에게 기도는 매일의 일과이다. 복음과 선교를 외치는 기독교가 기도를 잃어버리고 있다는 것은 참담한 일이다.

거대한 영적 싸움과 핍박을 넉넉히 이길 만한 힘을 받아야 한다. 이것은 복음과 순교 차원의 문제만이 아니다. 바벨론의 쾌락과 타협을 거절해야 하는 싸움, 신실하게 자신의 자리를 지켜내야 하는 싸움, 거짓이 다가올 때 진리를 분별해야 하는 싸움까지 다 포함된다. 영원을 사모하는 마음과 높은 부르심을 살아내는 삶은 하늘을 경험하지 않고서는 불가능하다. 그렇기 때문에 다윗의 장막의 영성이 우리에게 필요하다. 기도와 예배의 능력이 절실하다.

그의 영광의 풍성함을 따라 그의 성령으로 말미암아 너희 속사람을 능력으로 강건하게 하시오며 믿음으로 말미암아 그리스도께서 너희 마음에 계시게 하시옵고 너희가 사랑 가운데서 뿌리가 박히고 터가 굳어져서 능히 모든 성도와 함께 지식에 넘치는 그리스도의 사랑을 알고 그 너비와 길이와 높이와 깊이가 어떠함을 깨달아 하나님의 모든 충만하신 것으로 너희에게 충만하게 하시기를 구하노라

엡 3:16-19

속사람이 진리와 사랑의 능력 안에 강건해지도록 기도하자. 세상이 죄로 휘몰아칠 때, 주님 안에 깊게 뿌리가 박혀서 오직 하나님의 모든 충만하심으로 충만한 삶을 경험하기를 축복한다.

이렇게 기도하자!

1 주님의 역사에 동참할 축복의 기회가 주어지도록 순종할 믿음이 부어지기를 기도하자.

"주님의 전을 지키는 자가 되게 하옵소서. 주님의 이름을 위해 싸우는 자가 되게 하옵소서. 하나님의 말씀이 굽었을 때 타협하지 않고, 주를 위해 진리를 수호하고 외치는 자가 되게 하옵소서. 주님의 뜻을 이루어드릴 자들을 찾으실 때 순종하게 하시고 주와 동역하는 인생이 되게 하옵소서."

2 주님을 위해 행한 일들을 기억해주시기를 기도하자.

"여호와여, 저를 기억해주십시오. 여호와여, 주님의 이름을 위해 제가 행했던 일들을 기억하시고 제 삶에 주님의 복이 임하게 하옵소서. 제 삶을 통해 세상이 하나님의 높은 이름을 보게 하시고, 주를 경외하는 자를 선대하시는 주님의 자비를 노래하게 하옵소서."

3 새로운 삶의 도전과 출발을 위해 기도하자.

"위대한 소원을 부어주옵소서. 하나님을 더 깊이 알게 하옵소서. 이전에 꿈꾸지 못했던 주님의 위대함이 내 삶 가운데 임하기를 원합니다."

하나님의 집이 되라

초판 1쇄 발행   2019년 2월 25일
초판 6쇄 발행   2022년 11월 4일

지은이   박호종

펴낸이   여진구
책임편집   안수경 최현수
편집   이영주 정선경 김도연 김아진 정아혜
책임디자인   마영애 | 노지현 조은혜 이하은
홍보·외서   진효지
마케팅   김상순 강성민 허병용   마케팅지원   최영배 정나영
제작   조영석 정도봉   경영지원   김혜경 김경희 이지수

303비전성경암송학교 유니게과정   박정숙
이슬비전도학교 / 303비전성경암송학교 / 303비전꿈나무장학회

펴낸곳   규장

주소 06770 서울시 서초구 매헌로 16길 20(양재2동) 규장선교센터
전화 02)578-0003   팩스 02)578-7332
이메일 kyujang0691@gmail.com   홈페이지 www.kyujang.com
페이스북 facebook.com/kyujangbook   인스타그램 instagram.com/kyujang_com
카카오스토리 story.kakao.com/kyujangbook
등록일 1978.8.14. 제1-22

책값 뒤표지에 있습니다.
ISBN 978-89-6097-570-5 03230

규 | 장 | 수 | 칙

1. 기도로 기획하고 기도로 제작한다.

2. 오직 그리스도의 성품을 사모하는 독자가 원하고 필요로 하는 책만을 출판한다.

3. 한 활자 한 문장에 온 정성을 쏟는다.

4. 성실과 정확을 생명으로 삼고 일한다.

5. 긍정적이며 적극적인 신앙과 신행일치에의 안내자의 사명을 다한다.

6. 충고와 조언을 항상 감사로 경청한다.

7. 지상목표는 문서선교에 있다.

하나님을 사랑하는 자 곧 그의 뜻대로 부르심을 입은 자들에게는 모든 것이 合力하여 善을 이루느니라(롬 8:28)

Member of the
**Evangelical Christian
Publishers Association**
규장은 문서를 통해 복음전파와 신앙교육에 주력하는 국제적 출판사들의
협의체인 복음주의출판협회(E.C.P.A:Evangelical Christian Publishers
Association)의 출판정신에 동참하는 회원(Associate Member)입니다.